定年筋トレ

筋肉を鍛えれば脳も血管もよみがえる

森谷敏夫 × 吉田直人

ワニブックス
|PLUS|新書

はじめに

「何か運動しなきゃいけないなあ」

そう思っている人は多いはずです。とくに定年を迎える年代は。

仕事に追われ、長年不摂生な生活を続けてきた。風呂場の鏡に映るわが身を見ると、腕や足からは筋肉が落ち細くなっている一方で、お腹のまわりにはしっかりと脂肪がついている。あまり直視したくない姿なのでは？　そうした見た目ばかりではなく日常生活でも体力の衰えを感じる出来事はたくさんあるでしょう。信号が赤に変わりそうになったので、ほんの数メートル走ったら息が切れたとか、かつては2段抜かしで駆け上った駅の階段も、いまや必ずエスカレーターを利用するようになったとか。

テレビや新聞を見れば超高齢化社会、介護、寝たきり、認知症など気分が重くなる話題ばかり。

「もはや他人事じゃないよなあ」と思うにつけ、「なんとかしなくちゃなあ」「運動でもするかあ」と、チラリと考えはするものの、たいしたことは思いつかず、「ま、定年になればヒマなわけだし、ウォーキングでもしてみるか」

お父さんばかりではありません。そこのお母さん！　あなたもそうですよね。

「お父さん、定年になったら美味しいものでもいっしょに食べ歩きしましょうよ♪」

「ムリな運動して怪我でもしたらたいへんよ」「たまにウォーキングでもすればきっと足腰も丈夫になるわよ」

そんなところでしょうな。

ウォーキングね、いいと思いますよ。たいへんけっこうです。何もやらないよりはだいぶマシですし、少しは介護予防にもなります。

でもウォーキングというのはしょせん「その程度」です。

そんな後ろ向きの発想でいいんですか？　と私は言いたい。

60代はまだまだ多くのことにチャレンジできる年代です。

今から転倒して骨折して寝たきりになることばかり恐れているような年ではないはずです。

そもそも、健康で若々しい体を取り戻すことにも、筋肉をつけてむだな脂肪を落とすことにも、「手遅れ」などという年齢はありません。いまあなたが90歳というなら、「そろそろあまり無茶をしないようにね」とアドバイスするかもしれませんが、定年前後の現代人にとって、人生はこれから、と言っていいはずです。〝そろそろ年だから介護予防のために体に負担をかけないウォーキングをする〟などという甘い考えは捨て、〝いまこそ体に負担をかけるきついトレーニングをして体力・筋力を向上させる〟という発想を持ってほしいのです。

60代というのは、まだ年齢のことなどムダに考えずに、やりたいことをやるためにいくらでもジタバタできる年代だと思っています。まだまだ多少のスパルタトレーニングにだってじゅうぶんに耐えられる体なのです。

定年後なら時間はたっぷりありますし、それなりの金銭的余裕もあるはず。加えて人生を楽しむ術も心得ているでしょう。ジタバタして日々を楽しまなければ損なのです。

それを支えるのが、ある程度きついトレーニングをすることによって得られる若々しい体であり、そのためには筋力トレーニングが最適ということです。引き締まって身軽に動くことができる体を獲得すれば、体力はもちろん、見た目にも自信が持てるようになることはいうまでもありません。

筋トレで衰えかけた体にスイッチを入れ、若々しい体と体力を手にすれば、ゴルフが趣味の人ならスコアは今からでも良くなるし、飛距離も伸びる。新たにテニスや空手などに挑戦してもいい。かっこいい自転車を買いたくなるかもしれないし、学生時代やっていたギターやドラムをまた始めてみたくなるかもしれないし、富士登山をしてみたくなるかもしれませんし、もっとオシャレもしたくなるでしょう。

若々しい体を取り戻すと、スポーツに限らず、いろいろなことにチャレンジする気持ちが生まれます。そして、人生はより豊かになるはずです。

それが「筋トレスイッチ」なのです。

もちろん、筋トレは糖尿病などの生活習慣病の予防、さらに認知症予防にもなります。何もせず老いていくばかりの同年代を横目に、あなたはいきいきとしたアクティブライフを送ることができる。

長年の会社生活を続けて来た人は、長時間の仕事、少ない休み、数々のプレッシャーと毎日のストレス、そして暴飲暴食、運動不足の日々を送ってきたことでしょう。ストレスが体調不良を呼び、体調不良が運動不足を呼び、運動不足が体力低下を招き、体力低下がまたストレスを呼ぶというまさに悪循環の繰り返しだったのではないですか？

本当にお疲れ様でした。

けれど、定年後も、これまで同様の生活を続けたり、悠々自適という名のダラダラ生活を始めてしまったら、健康状態は今よりさらに下降する一方です。通勤ストレスはなくなるかもしれませんが、せめてもの運動であった「通勤」はなくなり、ストレスの元だった仕事をやめれば頭もろくに使わなくなる。あらたな悪循環によって、すべての劣化が今まで以上に進んでしまうだけです。

「定年」とは、これまでの負の連鎖を止め、あらたな好循環生活を始めるための、人生最大のチャンスなのです。

このチャンスに、もっとも効果的で、手軽で、カンタンに、しかもタダで始められるのが「筋トレ」です！

筋トレは、必ずあなたの「定年後」の人生を変えてくれます。

森谷敏夫

目次

2章　定年筋トレ、始める前に知っておきたい基礎知識

自宅でもシューズをはいて気分を上げる
自宅で行う「自重トレ」は手軽だが飽きやすい
ジムには「フリーウェイト」と「マシン」がある
利点を理解して両方に挑戦しよう
ジムに通う人も、自宅トレをうまく併用しよう
重量と回数は「目的」によって違う
ジムで自分の1RMは何キロかを安全に知る方法
食後、空腹時、就寝前のトレーニングはやめよう
定年筋トレ、ジムのお勧めは15～17時
ウォームアップは動的ストレッチで体を温める
クールダウンは静的ストレッチでじっくり伸ばす！
楽しく定年筋トレジムライフを送るコツ
ウェアやシューズも軽視するべからず
頭に入れておきたいジムでのマナー

3章　筋トレデビューを成功させるための法則……101

1章

定年前後は筋トレ適齢期

「年をとれば衰えるのは当たり前」なんて間違いだ

「筋力トレーニングを始めるのは定年後からでも決して遅くない。ちゃんと筋肉はつくし、引き締まった若々しい体が取り戻せ、健康寿命も延ばすことができる。いいことはたくさんある」

私が本書で述べようとしているのは、ただ一点、このことです。

身体機能は20歳をピークに加齢とともに下降し、筋力や持久力、柔軟性などは1年で約1％ずつ低下するという研究結果があります。それに照らし合わせれば60代になった今、20歳の頃に比べ、身体機能は40％も衰えていることになります。加齢によって筋肉量が減少することを意味する「サルコペニア」という言葉が最近、よく聞かれるようになったのは、その現実を受け止めなければならない、という意識からでしょう。

ただし、**身体機能の下降が起こるのは「何もしなければ」**です。

若い頃から現在までトレーニングやスポーツを続けている人は、若干の機能低下はあるものの、筋肉量はほぼ維持しています。また、筋肉は適切なトレーニングや食事、休息をとることによって、何歳になっても強化できることがわかってきました。

　自分の体のことを考えるうえで、まず頭に入れておいていただきたいのは「身体機能は、その人の生活に適応している」ということです。若いうちは体力もあるし好奇心も旺盛、なおかつ体を動かす機会も多い。サラリーマンとしても新人はたいてい営業などに配属されて外を歩きまわったり、現場での体力仕事をさせられる。常に動いているため筋力をはじめとする身体機能も高いレベルで保たれるわけです。

　しかし、キャリアを積み管理職になるとデスクワークが多くなります。通勤で歩きはするものの、体を動かすとすれば、つきあいゴルフをするくらいのものでしょう。酒を飲む機会も多くなり、締めにラーメンを食べたりもする。そういう生活を続けているため、脚をはじめとする筋肉は年に１％ずつ順調（？）に減っていき、その一方で脂肪はしっかりついてお腹ポッコリ。定年を迎える頃には、そんな体になっているわけです。

　現在の身体機能は、そうしたサラリーマンにありがちな生活に適応することで成立しているのです。

　その一方で世の中には定年がなく、常に体を動かしている仕事もあります。たとえば漁師。歩くことはあまりありませんが、波に揺れる船の上で足の筋力を使いながら常にバランスをとっている。水揚げの時は、腕はもちろん背筋、腹筋、脚の筋肉を総動員して力を使っています。60代、70代であっても、漁師さんにだらしない体をしている人はいません。彼らはとくにこれといったトレーニングはしていないですが、みな筋骨隆々ですし、体力も20代のサラリーマンよりあるはずです。これは漁師という日常生活に身体機能が適応した結果であり、年をとっても筋力を使っていれば衰えることがないことの証明でもあります。

つまり、現在のあなたの体は長年の会社生活に適応することで形づくられたのです。そう考えると必要な筋力は、その人の目指す生き方次第ともいえます。定年後は盆栽を趣味にしたいという人は、盆栽をいじるだけの筋力があればいいわけです。自分自身がそれに満足できれば。

しかし、60代はまだまだ元気。定年後は時間もあるし、チャレンジしたいこともたくさんあるはずです。現在のままの体力で本当にいいのでしょうか。身体機能は何もしなければ年に1%ずつ低下していき、長い会社生活によって20歳の頃の約40%減になっているわけですが、筋肉はトレーニングによって、その減少分を取り戻すことができます。歯車を逆回転させることができるのです。

トレーニングを始めれば体内にさまざまな好循環が起こる

サラリーマンにありがちな体を動かさない日々を続けてきたことによって、体内にはさまざまな悪循環が起こっています。「階段を上ると、すぐに息切れするようになった」「疲れやすい」「体が重く感じる」「睡眠が浅くなった」「今ひとつ食欲がない」といった自覚症状はその発露。さまざまな生活習慣病も忍び寄っています。

けれど、人間の体はもともと動くようにできています。筋肉をつくり動かすためにはタンパクが必要です。そのためのタンパク質を食べ物から摂り、その栄養を消化吸収、代謝することで筋肉を維持し働かせます。そのためには肺で取り込んだ酸素を心臓循環系で体全体に送り、エネルギーを供給する必要がある。筋肉が動くと胸をはじめ体に負担がかかるので、それに耐えるために骨や関節が形成され強くなっていきます。また、筋肉を動かしているのは脳です。脳みそから電気の刺激を運動神経を通して送り、筋肉を動かす。脳を働かせるには糖が必要ですから、それも食事によって摂る。脳にたっぷり糖が送られれば、生活に必要な知恵や発想が生まれ、適切な行動がとれるようになる。そうした状態は自律神経を正常に働かせ、バランスがよくなり、睡眠が深くなり、その維持に必要な栄養を摂るため食欲も出る、という循環が起こります。つまり体のなかでは臓器、骨、筋肉などはもとより細胞の一つひとつまで、すべてが連動し、作用し合っているわけです。

いわば、このサイクルを保つことが正常な状態であり、健康ということです。

60代に入れば、そろそろ〝老い〟を意識するようになります。まだ先のこととは思いながらも、自分が要介護になることをイメージする人もいるのではないでしょうか。で、転倒とか骨折の予防に関心が向く。しかし、このサイクルが保たれていれば、転倒はしにくくなるし、骨折の心配も少なくなるのです。また、筋肉と脳は相互に作用する関係にありますから、筋肉を動かせば脳由来神経栄養因子（ＢＤＮＦ）というタンパク質が生成され、脳の働きもよくなり認知症予防にもつながります。さらに筋肉を使えば糖代謝が活発になり、糖尿病にもなりにくくなる。そうした好循環が体に起こるわけです。

人間の体は「動いてなんぼ」！

好循環と書きましたが、本来、人間はこの状態にあることが当たり前でした。人間は動物の一種ですが、「動物」という呼び方の通り、動くことで生きる物。動いてなんぼなのです。人間が狩猟採集をしていた頃は、食べ物を得るため常に動きまわっていました。時代は進み、農耕が始まって文化的な生活を営むようになっても、人間は活発に動いていました。健康のためではなく、生きるために動くことが必要だったわけですが、それが健康につながっていた。衛生状態が悪く、医学も発達していなかったため今より寿命は短かったけれども、大方は死ぬ直前まで元気で生きることができました。

ところが現在は発達した科学技術や社会システムのおかげで、動くことが激減してしまった。移動はラクになりましたし、インターネットの普及によってパソコンの前に座っているだけで仕事ができたり、日常生活のさまざまなことが済むようになっています。

そうして体を動かすことなく得たお金で食べ物も手に入れることができる。寿命だって延びた。このような生活は人間が望んでいたもので、多くの人たちが頭脳を使い、努力したことで築かれた。こうした便利さを享受できる現代人は幸せといえるでしょう。

しかし、そのかわりに昔の人たちが想像したこともない悩みも生まれました。糖尿病をはじめ生活習慣病に苦しんでいる人は少なくありません。やがて自分が要介護や認知症になった時の不安もあります。

われわれが手に入れた便利な生活は、体のなかの悪循環を引き起こす要因にもなっているのです。体を動かさなければ筋肉は衰えていく。筋肉と脳は相互作用していますから、脳の働きも鈍くなる。脳が筋肉を働かせるための電気信号を出さなくて済むからです。動くことが少なくなれば関節も弱くなっていく。エネルギーを送り込む量も少なくなるから心臓循環器系も弱くなり、栄養が行き届きにくくなるから骨も弱くなる。体の形成や筋肉を動かすために必要な栄養も少なくなるから、代謝機能も衰えます。筋肉を使わなければ糖代謝が少なくなるため糖尿病になる可能性も高くなる。また、筋肉を十分に使って体を動かすことは人間にある種の爽快感を与え、その心地よい疲れが深い眠りを誘います。その睡眠がよい休息になって翌日はまた元気に活動できるわけですが、それがないと眠りは浅くなり休息につながりません。現代社会はストレスだらけですが、爽快感を味わうこともなく眠りが浅いというストレスが重なり、交感神経と副交感神経の切り替えもうまくいかなくなる。それがさまざまな体の不調を招くわけです。さらに、さほどエネルギーを必要としない状態にもかかわらず、おいしいものを好きな時に食べられるものだから、摂りすぎた栄養が脂肪となって体に蓄積される。筋肉量が減っているのに体が重くなれば、足腰には負担がかかり腰痛やひざ痛などを引き起こします。体のバランスをとっているのも筋肉や神経ですから、その働きが弱れば転倒しやすくなり、弱くなった骨がその衝撃に耐えられず、骨折につながるわけです。

筋肉と脳は相互作用する関係にあるという話をしましたが、筋肉を使わなければ脳の働きも悪くなり、認知症を引き起こす要因にもなります。

筋肉を使って体を動かさないというだけで、体のなかではこうした悪循環が起こっているわけです。

糖質制限より筋トレダイエットを

ここでもう少し筋肉と脳の関係について踏み込んでみましょう。

最近、糖質制限ダイエットが大流行しています。しかし、糖尿病患者ならいざ知らず、健康な人が糖質を制限するのは健康を害する危険が大なのです。

筋肉を働かせる、つまり体を動かしているのは脳です。その脳が働くのに必要なのが糖。糖質を制限すれば当然、脳に十分な糖が送り込まれなくなってしまいます。それで体はどんな反応を起こすか。体の動きをつかさどる最も大事な器官が脳ですから、不足した糖を補うため、肝臓や筋肉にため込んだグリコーゲンを糖に変えて脳に送り込むのです。肝臓の糖だけで足りないと、筋肉を分解して糖をつくり出すことになります。その結果、筋肉はどんどん少なくなっていき、脂肪だけが残るというわけです。

脳を絶えず糖質不足の状態にしておくと、やがて筋肉が減り始めるということです。

「体重が減った!」と喜んでいても、実際に減っているのは水分と筋肉!

筋肉は体のなかで最も代謝量の多い部分です。安静にしていても消費される必要最低限のエネルギー量を基礎代謝といいますが、体の各部の基礎代謝量のうち約20％を筋肉が占めています。筋肉量が多い人ほど代謝が良く太りにくいといわれるのは、そのためです。逆に言えば、糖質を制限した結果、筋肉が減れば代謝が悪くなり、体重が落ちにくい体になってしまうということです。

筋肉が減るということは、体が活発に動けないことにもつながります。動けなければエネルギーを消費することも少なくなり、筋肉を維持することもできません。

また、筋肉は熱を発生させる部位でもあります。人間の体温は約37度に保たれています。体が冷えそうになったら筋肉から熱が発生し、熱すぎれば汗をかいて冷やす。筋肉は体温調節機能も持っているのです。筋肉が減れば、この熱産生機能は低下し、低体温になってしまいます。女性に冷え性が多いのは、ダイエットによって筋肉量が減った結果とも考えられるのです。体温が下がれば基礎代謝は低下し、免疫力も落ちてしまいます。風邪をひきやすくなったり、さまざまな病気にかかるリスクが増えるわけです。いいことはひとつもありません。これも悪循環を体に起こす要因となるのです。

ただ、糖質制限ダイエット法のすべてが間違っているわけではありません。糖尿病の患者さんの場合は運動とともに糖質の制限もある程度、必要になります。しかし、健康な人の場合に大事なのは糖質を摂取するタイミングです。夜、眠りにつく直前の食事はやはりよくありません。眠っている間も体の機能は動いており基礎代謝はしていますし、脳だって働いています。が、日中活動している時ほどエネルギーを使っているわけではない。眠る直前の食事は必要なエネルギー量を超えているわけで、その余った分は脂肪などになって蓄積されてしまうからです。

活動するための燃料となる朝食、昼食ではしっかりと糖質を摂るべきです。朝と昼にはパンやご飯、うどんやパスタ、フルーツなどで糖質をちゃんと摂り、活発に行動し、トレーニングをする。そして夕食だけは糖質を控えめにして、なるべく早めに済ませるようにする。それが健康を保ちながら体重を落とすことにつながるのです。

動ける体をつくるためのスイッチを入れろ

体を動かさない生活を続けることによって生じる悪循環を書いてきましたが、そうなってしまうのは仕方がない面もあります。

人間の脳というのは基本的に抑制が強いものなのです。絶えず最大限に動くように命じていたら疲れてしまいますし、筋肉が切れでもしたら生活ができなくなる。だから、無理をさせないように抑制を働かせている。

筋肉は持久的に使うものと、瞬間的に大きな力を出すものとに分けられています。持久的な筋肉は、歩いたり何かを持ち上げたり操作したりといった日常的な動きに使われます。この筋肉は常に使っていても疲れにくい性質を持っている。ただ、人間生きていれば爆発的な力を出さなければならない局面を迎えることもあり得るわけです。危機的状況が迫ってきた時に使う筋肉です。この筋肉は疲れやすくて瞬間的にしか使えません。

筋肉を働かせる電気信号は脳から運動神経を使って伝えられますが、これも持久的な筋肉用の小さな運動神経と、爆発的な力を発揮する筋肉用の大きな運動神経があって、通常は小さな運動神経によって持久的な筋肉を働かせており、大きな運動神経は非常事態が起こった時だけ大きな力を発揮できる筋肉が使えるように脳が抑制を利かせて温存しているのです。非常時にその抑制がはずれたときに出るのが、いわゆる「火事場の馬鹿力」ですが、現在の日本で普通に生活していれば、そういう非常事態に直面することはめったにないでしょう。サラリーマンとしてごく普通に働いてきて定年を迎えた人ならば、一度も体験せずに済むかもしれません。火事場の馬鹿力を出す事態なんて、ないに越したことはありませんしね。

また、抑制が利いている方が疲れないし、体はラクです。だから、サラリーマン生活を続けているうちにダイナミックに動ける筋肉は落ち、日常で使う最低限の筋肉しかない体になってしまうのも無理はないのです。

ただ、そういう状態を長く続けたまま年をとると、いざという時に馬鹿力を出す筋肉もだんだん退化していって使えなくなる。立ったり歩いたりする日常生活や、体温を維持する持久的な筋肉しか残っていないような体になってしまうわけです。脊髄にある運動神経の数を調べてみると、65歳ぐらいで2割から3割は死んで使えなくなっているケースが多く、サバイバルに耐え得る体ではなくなっているのです。

だからといって、もう手遅れということはありません。これまで書いてきたように、トレーニングによって、いくつになっても筋肉を増やすことはできるのです。運動神経も何割かは死んで使えなくなっていますが、スイッチさえ入れれば残っている神経が筋肉を動かす役割をちゃんと果たしてくれます。

シニアの運動は「ウォーキングに限る」と思い込むな

では、どんなトレーニングをしたらいいのか。

高齢者向きの健康法として最適とされ、多くの人が勧めるのはウォーキングです。

ほとんど運動をしてこなかった人が、いきなりハードなトレーニングなど始めたら体に負担がかかり危険、ということもありますし、長い距離を歩けば血流はよくなり体は活性化します。動くことが少なかった人が、動けるようになるためにウォーキングをするのは確かにいいことです。

ただし、**ウォーキングだけで筋肉が増えることはほとんど期待できません**。歩くというのは子供の頃から現在まで、ずっとやってきた動作であり、体はそれに適応していること。また、使うのは持久的な筋肉でもあります。瞬間的に大きな力を発揮する筋肉への刺激にはならないのです。

動ける体にする慣らしとしてウォーキングから入るのは、もちろんお勧めしますが、筋肉をつけようと思ったら、もっと負荷をかけることが必要です。日常的に歩くスピードではなく、それを超える速さを求めるべきなのです。ウォーキングに体が順応してきたら、次は速歩やスロージョグ、ジョギング、とスピードを上げていくのです。距離も1キロ、2キロ、3キロと増やしていく。そのジョギングが無理なくできるようになり、走るコースに公園などが含まれていたら、30メートルから50メートルほどのダッシュを入れるのもいい（街中でいきなりダッシュをしたら変な人に見られてしまいますから）。

運動に強弱をつけるインターバルトレーニングの効果は大きいものがあります。ダッシュで心拍数を上げ、軽いジョギングに戻し、心拍数が落ちついたらまたダッシュする、というもの。強い負荷がかかった後、体は早く正常な状態に戻ろうとするので、短時間に心肺機能を向上させることができるのです。もちろんダッシュ時には筋肉の出力も上がるので、強い刺激が与えられ、筋肉の組成・成長を促すことにもなります。

健康な体をつくるために筋トレは欠かせない

体に負荷をかけて刺激を与え、活性化された健康体をつくろうと思ったら、ぜひ筋トレを行ってください。

脳、筋肉、神経、心臓循環器系、消化器系など体の器官とそれが持つ機能は、すべて連動しています。筋トレをやろうと思い立ち、実行に移すのは脳の働きであり、それは運動神経によって筋肉に伝えられる。筋トレを行って筋肉が動けば、そこにエネルギーを送り込もうと心臓循環器系が働き、エネルギーのもとになる栄養を取り込み代謝しようと消化器系も活発に働く。脳と筋肉は相互に作用しあっているので、筋肉が動けば脳の働きもよくなる。体全体の活性化は自律神経の働きにも効果を及ぼし、体の中に好循環が生まれるわけです。

このサイクルが始まれば、筋肉は厚みを増し、余分な脂肪は落ちて身軽に動ける体になります。身軽になれば日常の行動は活発になり、トレーニングにも気分よく臨める。体の状態はどんどんよい方向に向かっていきます。健康で活動的な生き方に適応していっていると言えるでしょう。

筋トレは正直言ってきついものです。しかし、そのきつさが筋肉を強くします。トレーニングとは、外からの強い刺激に適応するために体が強化される作用を利用したものです。筋トレをすると、強くかけた負荷により筋線維が損傷します。分かりやすく表現すると「この程度で筋肉が壊れていたらダメだ。もっと強くならなければ」と体が反応し、損傷した筋肉を修復するだけでなく、さらに強い筋肉をつくるのです。その作用を起こすには、それまでの日常にはなかった強い刺激、乳酸がたまるようなトレーニングが必要で、その刺激によって、筋肉でタンパク質の合成が起こり、筋肉が強く成長していくわけです。

悪者とされる「乳酸」「活性酸素」も筋肉を強くするために必要なもの

よく「乳酸がたまって足が疲れる」などと言われますが、乳酸は疲労物質ではありません。

確かに激しいトレーニングをして筋肉がパンパンに張ったり疲れを感じた時、血液中の乳酸は増えています。だから、疲労物質と思われがちですが、エネルギーをつくり出すために糖が分解される際、産生される物質が乳酸なのです。乳酸が疲労の原因になっているわけではありません。乳酸がたまっているのは運動の直後だけで、エネルギー源となるグリコーゲンをつくるために消費されていきます。これも、体にとって必要なものなのです。

たとえば腕立て伏せをしたとします。しばらくやっていなかった60代の男性が、いきなり腕立て伏せをしたら、10回できるかどうかでしょう。10回目ともなれば腕の筋肉がパンパンに張ってつらいはずです。この時、腕の筋肉には乳酸がたまっています。が、終われば、そのつらい感覚はじきに消えていきます。疲労物質として蓄積するものではないのです。

乳酸を悪者あつかいしてはいけません。

乳酸以上に極悪物質として見られているのが活性酸素ですが、こちらもだいぶ誤解されているようです。

活性酸素は、呼吸によって取り込まれた酸素が細胞に運ばれ、栄養素を燃焼させてエネルギーをつくり出す際に発生します。取り込んだ酸素のうち、2〜3％が活性酸素になると言われています。活性酸素がつくられるのは体内に侵入したウイルスや細菌などを攻撃し取り除く免疫物質として働いてくれるからです。しかし、強い攻撃性を持つため、増え過ぎると体にさまざまな悪影響を及ぼすとされています。細胞を傷つけてガンを発生させる、すべての病気の9割に活性酸素が何らかの形で関与している、老化の原因になる等々です。

健康関連の書籍やネットの情報を見ると、ほとんどが活性酸素を忌み嫌うべき厄介者扱いしています。その説明で、よく使われるのが、金属が錆びて朽ちている写真です。金属が錆びるのは酸化によるもの。活性酸素も体を酸化させ同様の状態にしてしまうというわけです。そんな風に体が錆びついていくのは誰だって怖い。そのため活性酸素を除去する効果があるとされる抗酸化サプリメントがよく売れているようです。

活性酸素は呼吸で取り込まれた酸素からだけではなく、紫外線、ストレス、喫煙、排気ガス、食品添加物などからも発生するといわれています。また、呼吸による酸素が活性酸素になるのだから、「大量に酸素を吸ってエネルギーに変える必要がある激しい運動は良くない」という説を唱える人もいます。

しかし、その心配はないでしょう。確かに排気ガスや喫煙といった外的要因によって増える活性酸素が体に害を及ぼすことはあると思います。が、呼吸から発生する活性酸素は生体反応。それによって酸化が進んだとしても体が抗酸化力を高めて対応できるからです。

それに何より最新の研究によれば、運動によって発生した活性酸素は筋肉に良い効果をもたらすことがわかってきました。筋肉に活性酸素が出るくらいの激しい刺激を与えると、遺伝子に特異的に結合するＰＧＣ－１αという転写因子（タンパク質）が働きだし、抗酸化力を高めるだけでなく筋肉にワンランク上の力をつけるというのです。激しい運動で生じた活性酸素が上流で眠っていた遺伝子を呼び覚まし、強い体をつくるというわけです。

まあ、上流の遺伝子の眠りを覚ますほどの激しい運動を、60歳を超えた人に求めるのは酷かもしれませんが、運動によって発生する活性酸素など怖れることはありません。

ぜひ、筋トレを始めてください。

糖尿病は予防も治療も運動が一番

60代ともなると体力の衰えだけでなく、生活習慣病をはじめとするさまざまな病気が忍び寄ってきます。筋トレには単に筋肉をつけるだけでなく、そうした病気になりにくい体をつくる効果もあります。

代表例をあげれば糖尿病です。糖尿病は糖質の摂り過ぎが原因と短絡的に考えがちですが、実は違います。運動不足が大きな原因なのです。本来筋肉は非常に多くのエネルギーを消費する部位ですが、動きが少なければ働く必要はなくなります。エネルギー源である糖質がどうしても余り、血糖値が上がる。すると膵臓はインスリンという物質を分泌して血糖を血管から外に出し、細胞に取り込んで代謝しようとします。運動をしなければ、それが頻繁に繰り返され、膵臓は酷使に耐えかねてインスリンを分泌する機能がどんどん衰えていく。その結果、起こるのが糖尿病なのです。

つまり糖尿病は、糖の摂り過ぎで起こるものではなく、運動不足に端を発した筋肉の代謝異常だと考えた方がいいのです。

糖尿病は恐ろしい病気です。自覚症状がほとんどなく、ゆっくりと人をむしばみ、病変に気づいた時は取り返しがつかなくなっていることから「サイレントキラー」とさえ呼ばれています。

糖尿病は血管がボロボロになる病気。血糖値が高い状態が続くと、血液がドロドロになり血管が傷ついていきます。そうすると、まず神経がやられてしまう。神経は血液から栄養を受けて働きますが、血管がボロボロになったら栄養が届かなくなります。そのまま放置すると大変なことになる。足などの末端であれば感覚がなくなっていき、やがて壊疽《えそ》を起こし、最後にはその部分を切断することにもなってしまう。網膜の毛細血管が傷つき、失明する危険もあります。また、糖尿病になると自律神経が障害を起こして心臓に負担をかけたり、不整脈が現れることがあります。腎臓が傷つき、腎不全になる可能性も出てくる。腎不全になれば人工透析をしなければ生きていけません。それは大変な苦痛を伴う治療であり、お金もかかる。前途に希望を失う状態と言えるでしょう。

自覚症状がほとんどないから、知らず知らずのうちにそういう状態へ進行している可能性がある。そうならないためには運動をし、エネルギーを消費し、糖を使い切る体にしなければならないのです。

ウォーキングにしろ、草野球やテニスにしろ、体を動かすことはすべて糖尿病の予防効果がありますが、なかでも筋トレは効果的。**筋肉をつけることで代謝がよくなり、糖を使い切る体になる**からです。

筋トレで要介護になるリスクを減らせ

最近の60代は、まだまだ元気いっぱいの人が多いですが、そう遠くない将来には確実に「老い」がやってきます。

親御さんの介護を経験された方もいるかもしれませんが、介護はされる側もする側もつらいもの。死ぬ直前まで健康でいたいというのはすべての人の願いです。

要介護になるのは病気の発症だけでなく、さまざまな要因があります。転んで骨折して以降寝たきりになったというケースもありますし、認知症を発症するケースもある。そうしたリスクを、筋トレによって大きく減らすことができるのです。

まず転倒による骨折。これは加齢による多くの衰えが複合的に重なって起きます。筋力の衰えはもちろん、バランス力や反射神経、骨密度の低下などです。年をとって転びやすくなるのは単なる筋力の低下ではなくバランス力の低下によるものです。バランス力とは体を支える筋力に、視覚・聴覚・三半規管、それをコーディネイトする脳の働きによって保たれる総合的なものです。これらの機能が加齢によって衰えるのは仕方のないことではありません。が、**筋トレをすれば脳と筋肉をつなぐ神経が発達し、神経系の働きがよくなり、視覚・聴覚・三半規管の衰えを遅らせることができる**。また、それらをコーディネイトする脳もしっかり働きますし、たとえ少々バランスを崩したとしても体幹の筋肉が持ちこたえてくれる。こうした総合力によって転倒が防げるのです。

反射神経も、常に筋トレで神経系に刺激を与えていれば低下は最小限ですみます。低負荷を素早く上げるトレーニングを行えば速筋が鍛えられ、バランスを崩してもすぐに足が対応する、あるいは咄嗟にダメージを受けない転び方をするといった反応にもつながります。

さらに筋トレは骨も鍛えます。筋トレを行うと、負荷は筋肉だけでなく体を支える骨にもかかりますが、**骨も強い負荷に適応して強くなるのです**。そのメカニズムはこうです。骨を強くするのに必要なのはカルシウム。しかし、動くことなく骨に刺激が与えられていない時は、体に取り込んでもすぐに排出されてしまいます。しかし、筋トレなどの運動で骨に負荷や刺激を与えると骨はその圧力によってマイナスの電位を帯びる。カルシウムはプラスの電位を帯びているため骨に定着しやすくなるのです。体が「これからは強い負荷がかかることが多いから、カルシウムをしっかり吸収して強くなれ」と骨に命じているようなもの。この作用によって骨折のリスクも減らすことができるのです。

つまり、筋トレを行えば、年をとっても転倒しにくい状態を保ち、仮に転んだとしても骨折することが少ない体になれるというわけです。

なお、カルシウムを多く含むのは乳製品（牛乳、チーズ、ヨーグルトなど）、小魚（シラス干し、イワシの丸干しなど）、野菜（小松菜、切り干し大根など）。また、カルシウムの吸収にはビタミンD（サケ、サンマ、ウナギなど）、骨への定着にはビタミン

K（ホウレンソウ、春菊など）を併せて摂ると効果的です。とくに乳製品はタンパク質も多く含むので筋肉と骨の両方を強くする食物ということになる。筋トレを始めたら、こうしたものも積極的に摂るようにしてください。

筋トレで認知症も予防できる

筋トレをすれば認知症になるリスクも減らすことができます。

前述したように、筋トレは糖尿病の予防につながります。その糖尿病は、認知症のなかでも最も多いアルツハイマー型認知症を発症させやすくします。糖尿病患者のアルツハイマー型発症確率は血糖値が正常な人の約2・1倍。糖尿病の合併症とさえ言われているのです。つまり糖尿病を予防すれば、認知症になるリスクも減るというわけです。

また、筋トレは筋肉だけでなく脳にも刺激を与えています。筋肉に動く指令を発するため、常に脳は働いているわけです。筋トレ中は脳の興奮水準も高い。強い意志があれば、きつくなっても頑張れます。なぜ頑張りがきくかというと、脳が頑張っているからなのです。逆に見れば筋肉を動かしていること自体が、脳の認知機能を高めていることにもなります。また、筋トレに限りませんが、運動をすることによって、記憶力と認知能力を高める脳由来神経栄養因子ＢＤＮＦという物質も生成される。ＢＤＮＦは記憶をつかさどる海馬や大脳皮質、大脳基底核を活性化させるのです。

また筋トレを行うとやる気をかき立てるホルモン、ドーパミンも多く分泌されます。今までできなかったことができるようになればさらに高いレベルにチャレンジしようという気持ちが湧いてくる。記憶力と認知能力が高まるだけでなく、脳が意欲を引き出すように働けば、認知症発症リスクはさらに低くなります。

つまり、**筋トレをすることは脳トレになる**、と言えるわけです。

「文武両道」という言葉があります。現代の表現に言い換えれば、文は「頭のよさ」、武は「運動能力の高さ」になるでしょう。この言葉があるのは、それを両立させるのは難しいと思われているからです。だから「両立させている人は偉い！」と褒めたたえる時にこの言葉を使います。

しかし、私は「文武両道」は誰にでもできると思っています。頭がいいとされる人は勉強ばかりしていて運動する時間がなかっただけ。運動能力が高い人は小さい時に素質を見出され競技に打ち込んできたため、勉強する時間がとれなかっただけなのです。

もともと、文武両道は当たり前のこと。運動は頭を良くするのですから。

こう考えていくと、筋トレはいいことばかりです。筋肉はつき体脂肪は減ってかっこいい体が手に入る。代謝も血流も自律神経の働きもよくなり健康的な生活が送れる。糖尿病は予防でき、免疫力が高まることから他の病気にもかかりにくくなり、介護予防にもなる。トレーニングジムに通えばそこで新たな人間関係ができるとともに、多くのことに挑戦する意欲が生まれる。さらには頭もよくなるのです。

まだ遅くはありません。ぜひ、チャレンジしてみてください。

トレーニングを重ねて64歳でヌードに！

ここで私（森谷）のことを、少し書かせていただきます。

私は京都大学大学院で教授を務めていた２０１５年に『京大の筋肉』という著書を出

しました。64歳の時でしたが、なんと大胆にも表紙に私自身のヌード写真（後ろ姿）を使ったのです。撮影の時はさすがに「この年で、おれもようやるよ」と思いましたが、『京大の筋肉』というタイトルの本を出す以上、自分の体を実例として示す必要があったのです。

私は別にナルシストではありませんが、読者の方から「とても64歳の体に見えない」と言われた時は、ニンマリしました。

ただ、若い頃から今までずっと筋肉ムキムキだったわけではありません。

私は大学までは体操競技に打ち込んでいました。自分で言うのも何ですが、そこそこの選手で、やるからには日本のトップレベルになってやろうと練習に励んでいたわけです。得意だったのは鉄棒。当時、塚原光男選手が成功させたムーンサルトという技が注目を集めていて、自分もやってみようとチャレンジしました。トランポリンで練習を重ね、できるようになったものだから調子に乗ったのです。しかし、やってみたら見事に失敗して落ちた。鉄棒の高さは2・5メートル。大車輪で勢いをつけて決める技ですから、3メートルくらいの高さから落ちたのです。何とか脊髄損傷はまぬがれましたが、医者から競技はあきらめた方がいいと言われ、体操をやめたのです。

ただ、ずっと競技をやっていたこともあって別の分野に進む気にはなれず、アメリカの大学に留学してスポーツ医学、運動生理学を学ぶことにしました。で、アメリカの大学で教員になって、帰国後も京都大学、中京大学、京都産業大学などで教鞭をとり、今日までできました。

体操競技をやめた後は、ゴルフに打ち込んだくらいで、これといったスポーツはしていません。ただ、スポーツ医学が専門で運動の重要性は熟知していますから時間をみつけて多少筋トレはしていましたし、体は常に動かしていた。というより、じっとしていられない性格なのです。教授になっても研究室に閉じこもるようなことはなく、しょっちゅう動きまわっている。エレベーターやエスカレーターを使うこともほとんどなく、上り下りはもっぱら階段です。駅にエスカレーターしかない時は素直に利用しますが。

階段の上り下りはいい運動になります。上りでは体重を持ち上げる負荷がかかる。下りでは脚がかかる体重を支え、バランスをとる筋肉も働く。目的の場所に着くための行動が筋力や関節や骨の強化につながるわけですからこんなにいいものはありません。

長い上り階段を見たら「ええ階段やなあ」と思え

スポーツジムに通って筋トレをしている若い人でも、通勤の時はエスカレーターを使うことが多いと思います。そりゃそうです。満員電車で揉まれ、ストレスがかかる通勤では、楽をしたいという意識が働きます。しかし、ものは考えよう。私だって時には、階段の上り下りを難儀に感じることがあります。でも、階段を見た時、「ええ階段やなあ」と思うことを習慣づけている。階段の上り下りはお金をかけず、体を鍛えてくれる機会。「ええ階段や」と思うことで、その意識が呼び起こされ、力が湧いてくるわけです。ともあれ、そういう生活を続けてきたおかげで、メタボになることもなく、動ける体を維持してきました。ただ、『京大の筋肉』でご披露した筋肉は60歳を過ぎてからつけたものです。

この筋肉は空手によってつきました。きっかけはテレビ番組でした。

今から7年前のことです。60歳になって迎えた正月、私は酒を飲みながら、テレビを見ていました。そのチャンネルでやっていたのは日本の武道特集。合気道に始まって、剣道、柔道、空手と続きました。その道の奥義を極めた人たちの動きはすばらしく、紹介されたすべての武道に感動を覚えました。

ただ、そのなかで最も魅力を感じたのが、沖縄の千唐流という空手です。道場で学ぶ人たちが拳立てでジャンプしている映像が流れました。拳立てとは拳を握って行う腕立て伏せですが、地面に拳がガッンガッンと当たっているのに平然と続けている。私は若い頃、体操競技とは別に3年ほど空手を習ったことがあり、拳立てのつらさがよく分かるのですが、平然とジャンプまでしている凄さに驚きました。

それで自分でもやってみたくなり、熊本の千唐流道場に教本とビデオをメールで発注したのです。そうしたら、大阪に道場があるから一度体験してみては、という返事がきた。私としては千唐流の空手に感動しつつも、年も年だし本気で打ち込む気にまではなっていませんでした。教材を参考に実践して健康管理につながればいいと思っていましたし、自宅は名古屋ですから、大阪まで行くのも大変です。

そう思って放置していたら大阪の師範から連絡が入り「健康管理のレベルでもできるので来てみませんか」と言われたので、試しのつもりで行ってみることにしたのです。

出てきたのは6段の師範。眼光は鋭いし、拳はゴツゴツして岩みたいだし、正直「やばいとこ来てしもうた…」、と思いました。でも、師範は「さすが森谷センセイ、若い頃空手をやっておられただけのことはある」とかおだてながら、私にガンガンやらせる。内心「こりゃ健康管理どころやないわ」と思いながらも、熱が入ってきて、相当ハードな稽古をこなしたわけです。当日はへとへとで名古屋の家まで帰るのがやっとでしたし、翌々日からは全身が猛烈な筋肉痛に襲われた。ところが筋肉痛が収まってくると、なぜかまた稽古をしたくなり、翌週も道場に行きました。その時も初回と同じで、疲労困憊《こんぱい》したうえにまたしても筋肉痛でよれよれ。でも、行きたくなるというパターンです。それで毎週通うようになりました。

誰でも60歳から新たなチャレンジを始められる

道場に行く回数が増えるにつれて、体が適応していくのが分かりました。稽古はハードだから疲れるし筋肉痛も出るけれど、その度合いが軽くなっていく。また、筋肉が少しずつ厚くなって体が締まってきたことも実感できた。なまくらだった自分の体が変わってきたのが、うれしかった。そんな日々を4年続けた結果、自著の表紙にヌード写真を載せても恥ずかしくない体になったというわけです。

今でも週に3回、空手の稽古を続けています。勤務している中京大学と京都産業大学の体育館で2回稽古して、週末には大阪の道場に行く。段位は2段で、3段と指導員の資格を目指して精進しているところです。空手を本格的に始める前も元気ではありましたが、67歳の現在はそれにも増して快調。心身ともに充実した日々を送っています。

私が、ここで長々と空手にのめり込むまでの話を書いたのは、自慢をしたいからではありません（少しはあるけど）。60代に入ってから少々ハードなトレーニングを始めても、体は適応し、ちゃんと筋肉はつく。そして身軽で健康な体を手に入れることができる。このことを多くの人に知ってもらい、そのチャレンジをしてほしいからです。

定年後の60代からでも決して遅くはありません。ぜひ、やる気のスイッチを入れてください。

筋肉痛は体が強くなるために起きる現象

筋トレを始めて、最初にやってくるのは筋肉痛。ずっとなまっていたのですからしかたありません。つらいですがじきに楽になります。

運動をしても筋肉痛が起こらなくなることは、運動を始めた時よりも強い筋肉を獲得した証しです。でも、そこで満足していては、さらに筋肉を増やしたり、締まった体をつくることはできません。筋肉痛がまったく起きないのは、それまでと同レベルの負荷しかかけていないということなのです。

過負荷の原則というものがあり、負荷を大きくしていかなければ、筋肉は成長していきません。ボディビルダーのように筋肉を増やし続けたいと思っている人は、トレーニングのたびに負荷を大きくし（計画的にではありますが）、常に筋肉痛を味わっているのです。その域まで行くと筋肉痛にも慣れっこになり、むしろ筋肉が増えてきていることが実感できる喜びさえ感じているそうです。

筋トレを続けるために必要なモチベーションを見つける

とはいえ、それは筋トレのエキスパートの話。定年後に思い立ってトレーニングを始めた人にとって、初期段階に襲ってくる筋肉痛はつらいものです。そのハードルを超えられるかどうかが、トレーニングを継続し体に好循環を起こす鍵といえるでしょう。

私の場合は、それを乗り越えることができました。正月に見たテレビ番組で千唐流という空手に出合い、やってみたいと思った。道場に行ったら、筋肉をどつきまわされるような激しい稽古をやることになり、とんでもない筋肉痛に襲われた。けれども師範が見せた立ち居振る舞い、型の美しさ、技の切れとスピードに惚れ込み、自分もああなりたいという欲求が勝ち、筋肉痛のハードルを乗り越え、今日まで続けているわけです。

それと実はもうひとつ、空手を本格的にやる動機がありました。空手が紹介された正月のテレビは家族で見ていて、娘も私同様、画面に映る空手に心惹かれるものがあったらしく、「お父さんも昔、空手をやっていたんでしょ。かっこいいね」と言ったのです。

父親というのは、娘のそんな何気ないひと言に弱いもの。かっこいい父親でありたいという思いが、筋肉痛のハードルを乗り越え、空手を続けることにつながったように思います。

思い立って始めたトレーニングを続けるには、惚れ込む対象に出合うこと、それが、「自分はこうありたい」という思いを満たしてくれることのような気がします。要は好きなものを見つけるということです。

たとえば、ゴルフが大好きな人は少しずつでいいから上達したい、スコアをよくしたいという思いがあるはずです。あるいは、スコアはともかく、ドライバーの飛距離を伸ばしたい、イーグルをとってみたいといった望みを持つ人もいるでしょう。そのためには筋力アップが必要と考えれば、筋肉痛など乗り越え、筋トレに励むことになるわけです。その対象はテニスであっても、登山であっても同じ。好きなものをより楽しむことにつながれば、少々つらいトレーニングや筋肉痛など乗り越えられます。

私の場合は空手でした。道場で見た師範の型の美しさ、技のキレ、スピードに目を見張りあこがれたことが筋肉痛のつらさを乗り越える力になり、それにプラスして、娘の言葉も背中を押してくれました。

定年後ともなると体力や筋肉だけでなく、容姿の方も衰えていきます。ジジ臭くなっていくわけです。しかし、見られてなんぼの芸能人などには若い頃の容姿を保っている人やダンディなかっこよさを漂わせている人がたくさんいます。歌手の郷ひろみさんは62歳（2017年現在）ですよ。トレーニングをはじめ相当の努力をしているはずですが、若さを保つことはできるという実例です。60歳過ぎてあの容姿は逆に気持ち悪いという声もあるようですが、同年代のおじさんたちに比べたら何万倍もモテているはずです。

郷ひろみさんの域に達するのは難しいにせよ、筋トレをすれば確実にかっこよくなれます。ウエストが締まり、胸が厚くなり、腕が太くなれば、スーツを着てもTシャツを着ても様になる。「色気の抜けたジジイにはなりたくない、ダンディに決めて若い女の子からモテたい」という理由も筋トレを始め、続けるための立派なモチベーションになるのです。実際、トレーニングジムに行くと、そういう方はたくさんいます。

また、トレーニングジムには女性インストラクターもいます！　明るく元気いっぱいの彼女たちから指導を受けるのも楽しいもの。そうした「ジムに行きたくなる」動機

（多少不純でも）を見つければ筋トレは続くはずです。トレーニングジムは見学や体験レッスンを行っているので、何か所かまわってチェックし、通いたくなるジムが見つかったら会員になってしまう、というのも筋トレを始めるいい方法だと思います。

2章

定年筋トレ、始める前に知っておきたい基礎知識

いきなりジムか？　自宅トレーニングか？

長い間、体を動かしていなかった人が筋トレにチャレンジする時、どんな形で始めるのがいいでしょうか。

いきなりトレーニングジムやフィットネスクラブに入会するのも、ひとつの方法です。

筋トレは基本的に、ひとりで行うもので、自分の筋肉と向き合い自ら重量や回数を設定して黙々とこなしていくわけですが、その前提として正しいフォームなど一定の知識を身につけておくことが必要になります。ジムやクラブにとっては大事なお客さんですから、筋トレ初心者には、まず体の状態や筋力をチェックし、その人に合ったトレーニングメニューをつくり、最初はトレーナーが器具の使い方や正しいフォームを指導してくれますから、あれこれ考える前にとりあえずジムの会員になってしまう、というのも選択肢のひとつです。

入会を決意し、会費を払い、専門家から指導を受けて始めることで、すぐに辞めることなく長続きするという効果もあります。適切なトレーニングメニューに従って行うことで順調に筋肉はついていきますし、バーベルやマシンを使うと、なんだか特別なことをしているという意識も刺激になるし、顔見知りになったトレーナーに励ましの声をかけられることもモチベーションになります。実際、初心者がジムやクラブで筋トレを始め、そのままのめり込むことは少なくありません。その意味でも会員になるのは良い方法なのです。

ただし、いきなりジムやクラブは敷居が高い、気後れするという人も多いでしょう。そういう方は自宅での自重トレ（自分の体の重さを利用したトレーニング）から始めることをお勧めします。

5章にNSCAジャパンのストレングス&コンディショニングコーチ、吉田直人氏が解説する自重トレを載せていますが、**まず手始めにプッシュアップ（腕立て伏せ）をしてみてはどうでしょうか**。学生時代、運動部の部活や体育の授業でやらされたトレーニングですから、やり方は身についているはずです。しばらくやっていないうえに体重も増えているでしょうから、学生の頃の回数はまずできません。10回できれば立派なものです。5回でも3回でも、できる回数でいい。始めることが大切なのです。女性はヒザをついた姿勢でやってみるといいでしょう。

その翌日か翌々日には軽い筋肉痛が出ると思いますが、それは使っていなかった筋肉を働かせたことで起きた損傷を修復し、より強い筋肉になろうとしている反応。痛みが治まるまで休み、それがなくなったら再チャレンジしてください。

プッシュアップに少し慣れたらシットアップ（腹筋）とスクワットを加えてみましょう。これも最初は10回程度でじゅうぶん。もっと少なくてもかまいません。筋肉痛が出たら休み、治ったら再開する。そのように体をトレーニングに少しずつ適応させ、回数も増やしていきましょう。

プッシュアップ、シットアップ、スクワットを各10回ずつ3セット行い、その間に休憩を入れた所要時間は10分程度。これができるようになって、習慣になれば、もう大丈夫。体のなかでの好循環は始まっていますし、トレーニングに対する自信はつき、さらに大きな負荷をかけようという意欲も湧いてくる。そうなってからトレーニングジムやフィットネスクラブの門をたたけば、筋トレの深い世界にもスムーズに入って行けると思います。

高血圧でも筋トレをして大丈夫？

定年後の60代ともなるとやはり体にガタが出てきます。血圧や血糖値が高めな人も少なくないでしょう。「筋トレは血圧が上がりそうだし、やっても大丈夫なの？」と心配する人もいると思います。

確かに上がります。だから、血圧の数値がすでにレッドラインに達している人は、避けた方がいい。医者からもそう言われるはずです。しかし「ちょっと血圧が高め」というレベルの人なら、そう心配することはありません。たとえば重いダンベルを2秒上げて2秒下ろすという動作の間にリラックスする時間があれば、医学的には問題ないと考えられています。リラックスする時間を入れれば、血圧が上がりっ放しになることはないのです。よくないのは力を入れる時間が長くなってしまうこと。現在の自分の筋力の100％近い負荷をかけようとすると、どうしても動作が遅くなり、長い時間力を入れてしまいます。そうした頑張り過ぎの筋トレは危険と言えます。

呼吸を止めないことも非常に大事です。強い負荷をかけた場合、歯を食いしばり、呼吸を止めがちになる。息を止めることで酸欠状態が起こり、血圧が急上昇してしまうのです。

筋トレは基本的に「力を入れる時に息を吐き、抜く時に息を吸う」が原則です。もっと正確に表現すると「筋肉が収縮する（力を込める）時に息を吐き」、「筋肉が伸長する時（力が軽くて済む）時に息を吸う」になります。

・腕立て伏せは、体を腕で上げる時に吐き、下げる時に吸う

・腹筋では体を起こしていく時に吐き、下ろす時に吸う

・スクワットでは腰を落としていく時に吸い、体を上げて元の姿勢に戻る時に吐く

ということになります。また、動作と動作の間に静止している時も、息は止めず、自然な呼吸を続けるようにします。ジムでのウェイトトレーニングでも、これは同じです。

これは血圧高めの人も正常値の人も、プロアスリートもまったく同じこと。

筋トレを始める時は、この「吸う、吐く」のタイミングを意識し「力を入れる時に息を吐く、抜く時に息を吸う」という感覚を体に覚えさせることが大切です。「どっちで吐くんだっけ？　吸うんだっけ？」と混乱しそうになったら、両方を意識せず、**「吐く」だけに集中**してください。「力を入れる時に息を吐く」と意識して動作を行えば、「吸う」ほうはごく自然に肺に空気が入ってきます。

とはいえ、慣れていない時は力を入れる時につい息を止めてしまいます。それで息苦しさを感じた時は、目標の回数に達していなくても、トレーニングを中断してひと休みしましょう。

また、**筋トレを始める前に水分を補給しておく**ことも大切です。血液が流れにくい状態であることも血圧を上げる要因です。筋トレのベテランになるとジムでトレーニングする時、常に水を入れたボトルをかたわらに置いて、水分補給をしているものです。

正しい呼吸法を覚え、そうした心がけをしていれば、筋トレによる血圧上昇を心配しすぎることはありません。

それどころか、筋トレには続けることで血圧を下げる効果があることもわかっています。筋トレによって筋肉量が増えると血流がよくなるのです。筋トレ中、血圧は上がるけれども、安静時にはその効果によって、血圧が高くなりにくい体になるわけです。

自宅での筋トレは週3回程度から始めよう

ダンベルなどを使わない自重トレを持続して行うようになれば、じきに筋肉痛を感じなくなります。かけた負荷に適応し筋肉が強くなった証拠です。そうなると俄然やる気が湧き、毎日のようにトレーニングをしたくなるところですが、それは避けた方がいい。一般的には「トレーニングの間隔は48時間から72時間、空けた方がよい」とされています。筋肉に負荷をかけた後、適度な休息をとることで、その間により強い筋肉がつくられるという「超回復」の理論からです。

家で自重トレをしているレベルでは間隔についてそう厳密に考えることはありませんが、やはり休息は必要。**トレーニングは週に3回程度にした方がいいでしょう。**たとえば火・木・土をトレーニングの日と決めて行なうのです。その方が、ただ漫然と行うよりも気持ちにメリハリが生まれますし、筋肉に適度な休息を与えることもできます。また、トレーニング日に何か用事ができた時は休んでもいいいし、翌日にずらしてもいい。そんな風に柔軟に考えることが、自宅トレーニングを続けるコツです。

筋トレ直後に20gのタンパク質を摂ろう

それにもうひとつ、つけておきたい習慣があります。トレーニング直後のタンパク質補給です。具体的には**必須アミノ酸を20グラムほど摂ること**。アミノ酸飲料や粉末のプロテインを水に溶かしたものを飲むのです。いずれもドラッグストアやスポーツ用品店、ネットなどで手軽に手に入ります。フィットネスクラブやジムでも販売しているはずです。トレーニングによって筋肉にはタンパク質の分解が起こりますが、その後の休息期にタンパク質が合成され筋肉は回復します。その原料となるタンパク質を素早く体に送り込むことが、より効果的に筋肉を強くするのです。年を取るほどタンパク質の合成が低下するため補給はした方がいい。適量は20グラム。それ以上飲んでも、あまり体内での合成率は変わりません。

飲むタイミングはトレーニング後、**できれば30分以内**。トレーニングによって体はすぐに筋肉の修復を始めるため吸収が高まるのです。

自宅での自重トレ程度で、そこまですることはないと思われるかもしれませんが、効果は確かにありますし、プロテインを飲むという行為によって自分が特別なことをしている意識も持てる。そうしたことも筋トレを続ける動機づけにつながるのです。

なお、ここでひとつつけ加えておくと、アミノ酸とともに**糖質も摂るとさらに効果的**です。糖質を摂ると血糖値が上がり、それを下げるために体内でインスリンが分泌されます。インスリンにはタンパク質を体内に吸収させる働きがありますから、タンパク質の吸収が糖質によって促進されるというわけです。

自宅でもシューズをはいて気分を上げる

自宅でのトレーニングで習慣づけたいことは、まだあります。

自重トレを継続的にするようになっても、どうも気分が乗らず、なかなか始められないことがあります。自宅なら誰に咎められることもありませんし、つい今日はサボっちゃおうかな、と思うわけです。もちろん体調が悪い時は休んだ方がいいですが、ラクをしたいということで休むと、それがきっかけになってトレーニングの習慣が途絶えてしまうこともありがちです。それを防ぐには、気持ちにスイッチを入れるものがあった方がいい。

トレーニングをする部屋がフローリングであれば**室内用のスポーツシューズにはきかえるのがお勧めです**。ジムやクラブで筋トレをする時はシューズをはきます。筋トレのベテランでも、シューズをはいた時、〝さあ、やるぞ！〟と気持ちにスイッチが入るという人は少なくありません。シューズにはそんな効果があるのです。シューズがあれば、ジムでの筋トレデビューにも使えますしね。

トレーニング用のウェアに着がえることもモチベーションを高める効果があります。運動から遠ざかっている60歳以上世代の人がトレーニングで着るのは、綿のTシャツが多いのではないでしょうか。綿のTシャツは確かに肌触りがいいですが、トレーニングには不向きなのです。汗を吸うと重くなりますし、筋肉の動きも妨げます。その点、トレーニング用のウェアは汗をかいても軽く、肌に密着しているのに動きやすい機能を持っている。また、アンダーアーマーをはじめナイキ、アディダスなどのスポーツブランドから出ている最近のウェアは体の線が出やすいタイトなデザインが主流、トレーニングの効果が出て、筋肉がつき贅肉が減れば減るほどかっこよく見えます。そうしたウェアを着ることも、トレーニングに向かう気持ちにスイッチを入れてくれるのです。

自宅で行う「自重トレ」は手軽だが飽きやすい

筋トレを行うには、それなりの知識を身につけておくことが必要です。正しい知識を持たずに行うと、頑張ったわりに効果が出なかったり、体の不調や故障につながることもあるからです。とくに定年後から筋トレを始める人は、土台となる体（体力や筋力）が弱っている、いわばマイナスからのスタートになります。そのため体をいたわりつつ運動に適応させていくことが必要ですし、タンパク質合成効率の低下など体の機能が落ちている分を補う合理的なトレーニングをすることも大切です。きついことをするのですから頑張った分は身になってくれないと損な気がしますしね。

また、これまで述べてきたように筋肉は脳が指令して動きます。筋トレは知的行為。頭に正しい知識をインプットしてからトレーニングを行うことで筋肉を成長させ、健康につなげることができるのです。

まずは、基本となる筋トレの種類と方法について知っておきましょう。

筋トレには大きく分けて自宅でも手軽にできる**「自重トレーニング」**、ジムやクラブで行う**「フリーウェイトトレーニング」**と、**「マシントレーニング」**の3種があります。

自重トレーニングは腕立て伏せやスクワットのように、自分の体重を負荷にして行うものです。フィットネスクラブやジムでも行いますが、自宅で手軽に行えますから、言うまでもなくお金はかからず、思いついた時に始められるのが最大の利点です。ただ欠点もあります。まず、自由にできる分、続けるには強い意志が必要なこと。それと実は、筋トレで効果を上げるには限界近くまで負荷をかけることが大事なのです。筋トレに体を適応させていく最初の頃はともかく、体がトレーニングに慣れ、筋肉をしっかり成長させる段階になったら「もう無理。これ以上できない！」というような強い負荷をかける必要があります。後で詳しく解説しますが、筋トレはレペティション・マキシマム（ＲＭ法）といって、重量と回数によって最大負荷をかける方法がとられます。

しかし、自宅で行う自重トレは限界までやろうと思っても甘さが出てしまいがちです。また、かけられる負荷は自分の体重が最大で、その体重もトレーニングによって減量されていってしまうわけです。もちろん回数を増やせばいいのですが、プッシュアップ（腕立て伏せ）２００回とか、できるようになってしまったら時間がかかって大変です。

もちろん、プッシュアップ、シットアップ（腹筋）、スクワットの3種目を20回×3セットずつできるようになり、それらを週2～3回行っていれば、60代以上の人にはそれだけで十分ともいえるでしょう。しかし、それ以上の強い筋肉を効率よくつけようと思ったら、自宅での自重トレだけでは限界があるということです。

ジムには「フリーウェイト」と「マシン」がある

その点、筋肉の成長に応じて負荷を増やし続けることができるのが、ジムやクラブでのフリーウェイトトレーニングとマシントレーニングです。

フリーウェイトとは、シャフトがついたバーベルか、片手で持ち上げられるダンベルを使用し、支えのない状態で行うトレーニング。動きが限定されないフリーな軌道での負荷がかけられるため、フリーウェイトと呼ばれます。

マシンは文字通りトレーニングマシンを使用したトレーニングで、フリーウェイトと同様の負荷がかかった動きを、より安全に再現できるよう設計されています。

初心者が初めてジムのトレーニングエリアに行くと、どちらも同じように見えるかもしれませんが、フリーウェイトとマシンでは大きな違いがあります。一般的に初心者がジムトレーニングを始めるのに適しているのは、マシントレーニングだといわれています。負荷はしっかりかかりますが、もしその負荷を支え切れなくても重りが落下したり、本人がバランスを崩して転倒したりしないように設計されており、安全性が高いからです。ジムのスタッフからも初心者は危険の少ないマシンから始めることを勧められるはずです。

一方、フリーウェイトは負荷を自分の体だけで支えるわけですから、危険も伴います。しっかりと指導を受けたうえで正しいフォームで行うことと集中力を切らさずに行うことが求められます。

効果も微妙に異なります。マシンには多くの種類があって、それぞれ特定の筋肉が鍛えられるよう設計されています。狙った筋肉をピンポイントで強化することができるのです。たとえば頭上にあるバーを両手（広めに）で握り、胸の位置まで引き下ろすラットプルダウンを行うと、普段はあまり使うことがない背中の筋肉が収縮しているのがわかり、「今、背中が鍛えられているな」と実感できます。部位の強化を感覚的につかむこともトレーニングのモチベーションにつながるのです。ただし、マシンは動きの軌道が固定されているため、動作が単調になってマンネリ化しやすいという難点もあります。

その点、フリーウェイトはやればやるほど、その奥深さがわかってきます。なにしろバーベルやダンベルを自分の体だけで支えるわけです。腕や足の筋肉はもとより、バランスを取るため、腹筋、背筋、体幹の筋肉など全身の筋肉が働きます。また、動きが限定されないため、上級者になれば重さや回数だけではなく「次は下ろす位置を少し下げよう」「手の位置を変えよう」と、負荷のかけ方をコントロールすることもできる。全身の筋肉を効率的に鍛えられるわけです。

ジムは通常、マシンとフリーウェイトのエリアがわかれていますが、そうした特性があるため、混雑する時間帯は双方のエリアに集まる人種が異なる傾向があります。たとえばフリーウェイトのエリアでは筋肉ムキムキのいかにも筋トレ上級者といった人が黙々とトレーニングをしていて、初心者には入り込みにくい空気が漂っているようなこともあります。

利点を理解して両方に挑戦しよう

そうした理由から、「初心者はマシンから始め、一定の筋力と自信がついてからフリーウェイトへ」というのが順当な流れとされています。が、私は初心者でも両方を行なった方がいいと思います（トレーナーの指導を受けて、正確なフォームを身につけることが大前提ですが）。

「初心者にフリーウェイトは危険」といわれますが、「正しいフォームや十分な筋力が身についていないのに限界に近い負荷をかけることが危険」なのであって、最初は余裕を持って支えられる軽い負荷から始めれば問題はないのです。まずはジムのトレーナーに指導を仰ぎ、軽い負荷で正確なフォームを身につける。それをクリアしたら、少しずつ負荷を増やしていけばいい。これで安全は担保できますし、過負荷の原則の理論にもかなっているわけです。

フリーウェイトでのトレーニングをすれば、バランスをとるために筋肉だけでなく神経系の強化にもつながる。関節や骨もそれに適応し強くなるのです。また、自分の体だけで負荷を支えるという緊張感が集中力を生み、筋肉のポテンシャルを引き出すことにつながります。これだけの効果があることを避けていたら損なのです。

上級者ばかりで入って行きづらいという意識が働くかもしれませんが、謙虚な姿勢があれば、相手は筋肉オタク。快く受け入れてくれるはずです。また、もしその空気に馴染めなければ、定年後のアドバンテージを生かして、上級の常連さんが少ない、空いている時間帯に行きましょう。

マシンもフリーウェイトでは鍛えにくい部位を強化できるものがありますから、それを認識したうえでトレーニングに組み込みたいものです。

ジムに通う人も自宅トレをうまく併用しよう

ジムに通い始めても並行して自宅での自重トレは続けておきたいところです。フリーウェイトやマシンによるトレーニングを行うには高いモチベーションが必要になります。ジムまで出かけ身支度をしてから、ウォームアップと軽いストレッチをし、きついトレーニングに臨む。終えたらストレッチをし、シャワーを浴びて帰り支度。自宅とジムの距離によっても異なりますが、2~3時間はかかるわけです。筋トレが楽しくて仕方がないというレベルに達すれば別でしょうが、週3回のトレーニングをすべてジムで行うのはかなり大変です。無理をせず、週に2回は自宅で自重トレ、1回は気合を入れてジムでフリーウェイトとマシンを行う、といったサイクルなら、トレーニングが精神的負担にもならず、モチベーションは維持でき、生活のメリハリも生まれていいのではないでしょうか。

なお、自宅でできる、もうひとつのトレーニング方法があります。ダンベル、ゴムチューブ、握力強化の器具などを購入して行うものです。ダンベルがあれば自宅で軽いフリーウェイトができるし、ゴムチューブは工夫次第でさまざまな部位の筋肉が鍛えられます。握力の強化などは、テレビを見ながらでもできるのも利点です。自重トレに、こうした器具を加えれば動きのバリエーションが増え、自宅でのトレーニングがより充実したものになると思います。

負荷と回数は「目的」によって違う

筋トレを行ううえで重要になるのが、負荷のかけ方です。負荷とは言うまでもなく重量と回数ですが、「どのくらいの重量を何回上げるか」によって、筋肉のつき方や、その質が異なります。どんな筋肉をつけたいかという目的に応じて重量や回数を考える必要があるわけです。

目的は大きく分けて**「最大筋力アップ」「筋持久力アップ」「筋量アップ」**の3つです。

・最大筋力は高重量・少回数で得られる
・筋持久力は低重量・多回数で得られる
・筋量は、その中間の重量と回数で得られる

これが筋トレの常識になっています。

もっと噛み砕いて解説すると「最大筋力」とは大きな力を発揮することでスピードやパワー、瞬発力をつけたいといった目的、「筋量」は筋肉を大きくして、基礎代謝を上げ、太りにくい体にしたいといった目的、「筋持久力」は力を発揮し続けるスタミナのある筋肉をつけたい、長距離を走れる筋力をつけたいといった目的に対応する負荷です。

そうした目的別負荷のかけ方の基準となるのが、レペティション・マキシマム＝ＲＭ

RM法

目的	重量の目安	推定反復回数
最大筋力アップ	100%	1
	95%	2
	93%	3
	90%	4
	87%	5
筋量アップ（筋肥大）	85%	6
	83%	7
	80%	8
	77%	9
	75%	10
	70%	11
	67%	12
筋持久力アップ	65%	15
	60%	20

法です。レペティション・マキシマムとは「最大反復回数」。その人が全力（１００％の力）を出して上げられる重量を１ＲＭとし、その重量を基準に目的に応じた負荷をかけたトレーニングを行うわけです。

１００％の力を出して１回だけ上げられる重量が１ＲＭ、負荷を87％に落として５回反復して上げられる重量が５ＲＭ、さらに負荷を75％に落として10回上げられる重量が10ＲＭということになります（なお、筋トレ業界では１ＲＭを「１レップ」といいます）。

ＲＭ法をわかりやすく解説するため、ここでは筋トレのベテランで、全力を出せばベンチプレスで100キロを1回上げられるAさんに登場してもらうことにします。

Aさんの1RMは100キロ。Aさんの筋トレを行う目的が最大筋力のアップならば、100％の力で1回だけ上げられる100キロ＝1RMから5RMまでのいずれかの負荷をかけることになります（実際には、限界重量を1回挙げる1RMの高負荷のトレーニングは故障を起こすリスクがあるため、負荷を落とした4RMや5RMのトレーニングを選ぶことになりますが）。また、Aさんの目的が筋量アップならば、85キロを6回（6RM）から67キロを12回（12RM）のなかからトレーニングの設定負荷を選択する。目的が筋持久力のアップならば、65キロを15回（15RM）から60キロを20回（20RM）行うといいということになります。

ここで勘のいい読者は「ウェイトトレーニングって相当きついものなんだな」と思ったはずです。なんとか1回挙げられる重量を87％に軽くしたとしても5回も反復して上げるのは相当きつい。75％にして10回反復するのも限界といっていいきつさなのです。

しかも、ウェイトトレーニングでは基本的に、これを3セット行います。限界レベルの重量×回数を1セット行ったら、少しのインターバルをはさんでもう1セット、少し休んで、もう1セット行うのです。

また、トレーニングによって筋力が強化されれば、その人の1RMの値も大きくなります。例にあげたAさんの1RMも100キロから110キロ、120キロと上がっていく。筋肉の成長に張り合いや喜びを感じて頑張れる人は、それに応じた限界レベルのトレーニングを続けることになるわけです。限界レベルの負荷をかけて超回復でさらに強くなる、ということを繰り返すのですから、筋肉痛と隣り合わせの日々を送っているのです。

まあ、定年過ぎて筋トレを始めた人にそこまでの筋力は必要ないですし、無理をしてほしくありませんが、効果を上げるには、ある程度きつさの伴うトレーニングを避けて通れないことは頭に入れておいてください。

ジムで自分の1RMは何キロかを安全に知る方法

ジムでウェイトトレーニングを始める場合、知っておきたいのは自分の1RMの値です。ジムによっては、正しいフォームでトレーニングができるようになってからRMの測定をするといったプログラムを組んでいるところもありますが、ここではその測定方法を解説しておきます。

一番手っ取り早いのは、100%の力を出してなんとか1回上げられる重量に挑戦することだと思われるかもしれません。それが1RMだからです。しかしこれは上級者でも危険があるので、ほとんど行うことはありませんし、まして初心者にそれをさせるのは酷で、さらに危険が伴います。そこで行なうのが、間接法という測定方法です。その人が無理なく挙げられる重量を設定して、何回まで上げられるかを調べる。その回数から計算して1RMを算出するのです。

たとえば、20キロにウェイトを設定したベンチプレスを10回反復して上げられたとします。10回をRM法の表と照らし合わせると75%になる。75%を100%に換算すると、20キロ÷0・75で、26・67。その人の1RMは約27キロと推定されます。この重量を基準として、目的に応じた負荷を設定してトレーニングを行うことになります。

定年後の人にとっての目的は基本的に筋量アップ（筋肥大）でしょうから、RM法の表を見て、対応する重量と回数を設定すればいいわけです。

ただし、初心者の場合、測定した1RMの値は相当誤差があると考えてください。筋肉には脳からの抑制が働いています。いざという時のために力を温存するようにできている。リミッターが利いているといえるでしょう。初心者は力を出すことにも慣れていませんし、RMの測定でも、本来のポテンシャルをかなり下まわる回数にとどまることが多いのです。ただし、正しいフォームを身につけ、トレーニングに慣れれば神経の働きもよくなり、ポテンシャル通りの力が出せるようになります。測定して出た1RMが予想より低くても悲観することはありません。トレーニングによって確実に上がっていきますから。

食後、空腹時、就寝前のトレーニングはやめよう

定年後は自由になる時間がたくさんあると思います。といってトレーニングは、好きな時間にいつ行ってもいいというものではありません。

まず、体の状態から見て、トレーニングを避けたいタイミングが3つあります。

・食事直後
・空腹時
・就寝直前

これは避けてください。

食事をすると体は摂った食物を消化吸収し栄養に変える働きが活発になります。そのために胃をはじめとする消化器系に血液が大量に送り込まれる。消化をするのにエネルギーを使うからです。そんな時にトレーニングをしたら、消化に使うエネルギーが足りなくなり、消化吸収が阻害されてしまうのです。また、食後は副交感神経が優位になって精神的にリラックス状態になります。トレーニングをするには交感神経が優位であることが必要ですから、その点でも適していないわけです。そもそもお腹がいっぱいの時は動く気が起こらないもの。体が「今は消化吸収をしているから休んでおいた方がいい」と反応している状態であり、それに従うべきなのです。通常、消化にかかる時間は胃のなかで約3時間といわれますが、消化が進み、交感神経が優位になって活動できる態勢になるまでには約2時間。**トレーニングを行うのは食後2時間以上たってから**のほうがいいと思います。

次に避けるべきは、これとは逆の空腹時です。空腹時は交感神経が働いており、その点では良いのですが、肝心のエネルギーが不足しているわけです。その状態でトレーニングをすれば足りない分を補うため、筋肉に蓄えたグリコーゲンを分解してエネルギーとして使うことになる。**空腹時のトレーニングは筋肉を減らすことにつながる**わけで元も子もない行為なのです。また、筋肉は脳が指令を出して動かしていますが、空腹時は脳の働きに必要な糖が不足し、十分に動かすことができません。**頭がクリアでなければ事故も起こりやすい**ですし、その点でも空腹時のトレーニングは避けた方がいいのです。

就寝の直前もやめましょう。就寝時は活動時の交感神経から睡眠時の副交感神経に切り替わるタイミング。ところがトレーニングは活動時の交感神経の働きを高め、やる気を起こす物質ドーパミンを分泌させます。そのため、なかなか眠れなくなってしまう。寝つきが悪くなれば睡眠の質は低下。疲労はとれず、成長ホルモンも十分に分泌されず、筋肉強化どころか、**筋肉ロス**につながりかねないのです。

定年筋トレ、ジムのお勧めは15〜17時

この3つのトレーニングNGタイミングを考えればおのずと適した時間帯がわかるはずです。

朝起きてから朝食までの時間帯は当然NG。目覚めた時は睡眠時の発汗などで軽い脱水状態になっており、血液が流れにくくなっています。夕食から時間が経っていて空腹でもある。睡眠の安静によって低体温になっていますし、筋肉や関節も動ける状態になっていません。だから、できるだけ避けたい時間帯ですが、「できるだけ」をつけたのは、一定の条件をクリアしていれば行ってもいいということです。

起きたらすぐに脱水状態を通常に戻すために水分を補給すること、バナナやビスケッ

トなどの軽いものを食べてエネルギー源にするとともに脳に糖を送り込んで働きを促すこと、ジョギングや動的ストレッチなどを行って体温を上げ柔軟性を高めておくこと。こうした準備をしっかりしたうえでなら、早朝にトレーニングを行ってもいいということです。

解説したように朝食、昼食、夕食の直後、そして就寝直前を避けるとすれば、筋トレに適した時間帯が浮かび上がります。**朝食を摂って数時間経った昼食前、昼食を摂って数時間経った夕方の時間帯がベター**ということです。トレーニングにあてられる時間帯は人それぞれですし、どちらでもいいのですが、人間の身体機能（筋力、酸素消費量、肺活量、成長ホルモンの分泌量など）が最高値を示すのは夕方というデータもあることから、夕方がベストといえるでしょう。

ただ、17時過ぎから19時頃までは仕事を終えた人がジムにやってきて混雑するので、ここは**定年後のアドバンテージを生かして、15〜17時にトレーニングをするのがいい**のではないでしょうか。地域にもよりますがこの時間帯はジムも比較的空いていることが多く、正しいフォームを確認しながら落ち着いてフリーウェイトやマシンに取り組めるというわけです。

また、この時間帯なら筋トレ後、シャワーで汗を流し、さっぱりして帰宅。夕食を摂ることになります。トレーニング後の夕食は間違いなくおいしく感じられますし、その栄養は体づくりに有効に使われ、そのあとは体も気持ちも少しずつクールダウンしていって就寝。すぐに眠りにつけ、質のいい睡眠による休息が筋肉の成長につながる、という好循環が起こります。それを考えれば、夕方の早い時間帯が定年筋トレにはぴったりなのです。

ウォームアップは動的ストレッチで体を温める

運動の前にはウォームアップ、運動後にはクールダウンが必要だということは誰でもご存じだと思います。まして筋肉に強い負荷を与える筋トレにおいては、**ウォームアップとクールダウンは必要不可欠**といっていい重要なものです。

まずウォームアップ。軽い運動で体温を上げることによって血流は良くなり、筋肉や関節が動かしやすくなります。筋肉に血が巡り柔軟性が高くなることで故障を防ぐとともに筋力のポテンシャルを引き出しやすくなるのです。アドレナリンも分泌され、筋トレを行うための気力が満ちてきます。

ただ、筋トレ初心者のなかには、ウォームアップの方法について誤解をしている人が少なからずいるようです。トレーニングジムに行くと、筋トレ前にストレッチを入念に長時間行っている人を見かけますが、これは間違い。

確かに体を動かす前のストレッチは多くのスポーツで取り入れられています。筋肉を伸ばして柔軟性を高め、関節の可動域を広げることは体を動かしやすくするからです。しかし、筋トレに関しては**事前のやり過ぎストレッチはNG**です。

後半でも紹介しますが、ストレッチには静的ストレッチと動的ストレッチがあります。**筋トレ前にしすぎない方がいいといわれているのが静的ストレッチ**です。静的ストレッチは反動をつけず、ゆっくりと各部を伸ばしていきます。筋肉を気持ちのいいレベルで伸ばす動きに慣れてしまうと、脳は筋トレで瞬間的に筋肉を収縮させる指令を出しにくくなるのです。実際、筋トレ前に静的ストレッチを行うと最大で30％筋力低下が起こるという研究結果もあります。加えて、静的ストレッチは気持ちをリラックスさせます。これから気合を入れてマシンやフリーウェイトに立ち向かおうとする時にリラックスし過ぎていたのでは、意味がありません。そもそも静的ストレッチでは体はなかなか温まりません。筋トレをするのが目的なのに、その前に長々と静的ストレッチを行うのは無駄。ウォームアップには適していないということです。

では、ウォームアップにはどんなことをしたらいいのか。

ウェイトトレーニングのベテランのなかには、いきなりマシンやフリーウェイトを始める人がいます。「ウォームアップしなくていいの？」と驚くかもしれませんが、その人にとっては、それがウォームアップ。負担を感じないレベルの軽いウェイトを素早く上げて筋肉を温めているわけです。筋肉にとって直後に始まる筋トレはその延長線上の動きと刺激であり、理に適っているともいえます。ただ、こういうことができるのは自らの筋力を把握している上級者であり、初心者に合ったウォームアップとはいえません。

ジムでお勧めしたいのは、ほとんどのジムに設置されているエアロバイク。筋肉のなかでは最も大きい大腿《だいたい》筋を使う運動で体が短時間で温まることと関節にも負担がかかりにくいという利点があります。ランニングマシンで軽く走るのもいいでしょう。これも体がすぐに温まり、筋トレに臨む態勢が早くつくれます。

エアロバイクやランニングマシンがなければ、同じストレッチでも**5章の動的ストレッチを行ってください**。動きが入るため体も温まりますし、筋トレの動作にも対応しやすいのです。

いずれにしても、行うのは5分程度でいいでしょう。季節によって多少差はあるものの集中して行えば5分で十分体は温まるもの。ウォームアップで時間を使い過ぎるのはもったいないのです。

なお、暑い時期はすでに体が温まっているからウォームアップをしなくていいという人がいますが、体温は上がっていても、筋肉が動くために温まっているわけではないので、少しは行うべきです。

また、自宅で自重トレを行う場合もウォームアップは必要です。速度を速めたウォーキングやジョギング、縄跳びなどで体を温めるのが最適です。最低限、動的ストレッチは行ってください。

クールダウンは静的ストレッチでじっくり伸ばす！

そしてクールダウン。**この時にこそ必要なのが静的ストレッチ**です。

筋トレ後の筋肉は損傷し、筋肉を覆っている筋膜も固まりやすくなっています。静的ストレッチを行うことで血流を促し筋肉のすみずみまで酸素が行き渡る。それが筋膜の結合を防ぎ、損傷の回復を早めることにつながるのです。また、静的ストレッチは筋トレによる興奮状態を鎮めてくれるリラックス効果があります。こちらは、時間をとって行いましょう。ウォームアップはあまり時間をかけずに、クールダウンはじっくりと。そう頭に入れておいてください。

楽しく定年筋トレジムライフを送るコツ

定年後に筋トレを始めて「トレーニングジム通いが生きがいになった」という人も少なくありません。私の知り合いにも、週に5日はジムに行き、毎回4〜5時間過ごすという人がいます。もちろん筋トレにもハマっているのですが、筋トレには集中力が必要で、それが続くのはせいぜい1時間。他の時間はトレーナーやコーチ、親しくなった筋トレ仲間などとトレーニング談義を楽しんでいるようです。

ただ、それも筋トレを続けるには大事な要素のひとつ。ここでは、筋トレに要する時間も含め、ジムライフについて述べていきます。

これはジム通いを始めれば、すぐにわかることですが、まずは筋トレを行うにあたって持って行くものから。最低限必要なのは筋トレ用のウェアとシューズ、タオル2〜3本、水分補給用ボトル、プロテイン、ビニール袋といったところでしょう。ウェアやシューズ、タオルは有料で貸してくれるところもありますが、公営のスポーツセンターに付属するジムは非常に安くてありがたいのですが、こうした備品の用意はありません。

ウェアやシューズも軽視するべからず

どちらにしても、やっぱり自分用のものを用意しましょう。

筋トレでは見た目を気にすることも大事です。最低限、毎回清潔なウェアとタオルを準備するのは当然ですが、あまりにも筋トレに相応しくないウェアを着ていると「いかにも素人」です。初心者ですから素人くさいのは当たり前ですが、筋トレのセオリーを守ったウェアを着ていた方が無難です。銭湯に行くわけではないのですから、スポーツウェアの売り場などで、「初めてジムに通うので」と伝えて手頃な価格のものを選んでもらうのが一番。

海外旅行のお土産にもらったような綿のTシャツはトレーニングで汗をかくと重くなりますし、肌にまとわりついて動きを妨げるのです。スポーツブランドのトレーニングに適したウェアなら、その心配はありませんし、それを着ることによって「これから筋トレをするぞ」というモチベーションを高める効果もあります。

シューズも大事です。初心者ならごく普通のスポーツシューズで問題ないのですが、チェックするポイントはあります。まず、クッション性を重視したジョギングシューズは避けた方がいいということです。筋トレにクッションは必要ないことがひとつ。また、メーカーによってさまざまなクッションを入れていますが、なかにはクッションのため足が踏ん張りにくいものがあるのです。筋トレには、底が床をしっかりとホールドして踏ん張れるシューズが適しています。最近では踏ん張りを追求して、つま先が5本に分かれている、5本指ソックスのようなシューズが発売されて人気を得ているほど。足の指で床をつかむ感覚があるからです。初心者にそこまでの機能は必要ありませんが、底が滑らないシューズを選ぶようにしてください。

上級者で見かけるのはレスリング用シューズ。底がフラットで滑らず、形も足首の上までを覆うブーツ状なので安定感が増します。ただ、足首を固定することが必ずしも必要ではないので、底が滑らないことを第一の条件にすればOKです。

ソックスも、ビジネスシューズ用のものをそのまま使わず、スニーカー用のものなどを選んでください。靴のなかで足が動くことも防いでくれます。

タオルは3本あると万全です。1本は筋トレ中にかいた汗をふくため。筋トレでは相当の汗をかきます。そのまま筋トレを続けると不快ですし、集中力も途切れやすくなります。また、汗が手につくとバーベルやダンベルが滑って危険だからです。もう1本は筋トレ後にシャワーを浴びたり、風呂に入った時の体ふき用。では、残りの1本は何に使うのか。ジムでは、筋トレを1種目終えたら、次の人のために器具についた汗をふくのがマナーなのです。バーベルやベンチについた汗が残っているまま次の種目に移ったり、筋トレを終えるのはマナー違反。ジムにそのためのタオルが用意されているケースもありますが、見当たらない場合はもう1本のタオルでふくようにしてください。これは大切なマナーです。

水分補給用ボトルを持参するのは、言うまでもなく汗をかいて失った水分を補給するため。ジムにも飲料水は用意されていますが、会員の多くは自分好みの水やスポーツドリンクを飲みながら筋トレをしているものです。そしてプロテイン。筋トレ後はできるだけ30分以内に、約20グラムを水に溶かして飲むようにしましょう。なお、ビニール袋は濡れたウェアやタオルを入れるために必要です。

頭に入れておきたいジムでのマナー

筋トレエリアは多くの人が利用する場所であり、誰もが気分よく筋トレを行えるよう一定のルールやマナー、暗黙の了解事項があります。それを知らずにいると、「なんなの、あの人」と白い目で見られ、利用しづらくなることもあります。ジム通いを始める前には、ぜひ基本的なマナーを頭に入れておいてください。

①複数の種目のマシンを同時に使わない

ジムが空いている時にやりがちなのが複数のマシンや器具の併用です。たとえばベンチプレスを終えたとします。「すぐにもう一度使うから」と、タオルなどを置いたまま別のマシンに移り、また元のマシンに戻る、ということをする人がいます。が、基本的にジムのマシンは1種目ずつ使うのが基本のルール。1種目が終わったら、次の人のために空けてから次のマシンに移るようにしてください。

②1種目終えたら、元の状態に戻す

①とも関連しますが、1種目終えたら、次の人が始めやすいようダンベルやウェイトは元の状態に戻しておきましょう。また、バーベルやベンチに汗がついたら、タオルでふくことも忘れずに。誰もが気分よく筋トレに臨めるようにするのがマナーです。

③　器具を長時間占有しない

空いている時は別ですが、混み合っている時間帯は1つのマシンや器具などを長時間独占利用しないという配慮が必要です。誰もが限られた時間を筋トレにあてるために来ているのですから。ただ、「待っている人がいるから」とトレーニングを中断してまで譲る必要はありません。筋トレは所定の回数とセットを終えるまで行うものでそれは待っている人も理解しています。要は長過ぎる独占使用を避けるということ。1種目10分程度を目安にすれば問題はありません。

④　筋トレ中の人の集中力を切らすような行為はしない

筋トレを始めるとわかるのが集中力の重要性です。集中しているから力が出ます。その集中力が切れるようなことがあると、苛立ってしまうものです。筋トレエリアにいる人たちの集中力を切らせるような行為はやめましょう。筋トレ中の人に近づき過ぎる、バーベルやダンベルを扱うとき必要以上に大きな音をたてる、自分の筋トレのためにやたらに大きな気合のかけ声を出す、といったことです。親切のつもりで、筋トレ中の人にやたらに声をかけたり、「アドバイス」をし過ぎない、ということも覚えておきましょう。

⑤顔を合わせたらあいさつをする

これは筋トレに限らないことですが、ジムのスタッフやメンバーと顔を合わせたら「こんにちは」「こんばんは」とにこやかにあいさつを交わしたいものです。もちろん、筋トレエリアでやたらと声をかけるのは集中力を切らす行為であり、避けるべきですが、ロッカールームやクールダウンの時ならもちろん問題はありません。筋力アップという共通の目的を持ち、きつい筋トレをしている仲間です。よいコミュニケーションをとることは、さまざまな点でプラスになり、筋トレへの励みにもつながります。

3章

筋トレデビューを成功させるための法則

まずインストラクター、トレーナーの指導を受ける

いよいよジムでのトレーニングデビュー。

入会時に筋トレに挑戦したいことや、初心者であることを伝えれば、インストラクター、トレーナーが器具の使い方や、正確なフォームを指導してくれます。その過程で、あなたの体力や筋力をチェックし、どの種目をどのくらいの負荷（重量×回数）をかけたらいいのか、アドバイスしてくれるはずです。無理をしてケガをしたり事故を起こされても困るので、慣れるまでは側について指導してくれるかもしれません。

会費を支払って通うジムであれば、これらの指導は会費のうちのはずです。ジムによっては初回に体重や体脂肪率、筋肉量などのチェックをしたうえでプログラム作成や目標設定を行い、その後数回にわたって無料で指導をしてくれることが明記されているところも。そうした決まりがなくても、トレーナーたちは、指導のためにいるわけですから、疑問点などは遠慮せずに聞くべきです。

見た目の筋肉をつけるより、引き締まった体型をつくりたい、ダイエットしたい、と

いう女性はジョギングやエアロビクスなどの有酸素運動と軽い重量での筋トレを行う人が多いものです。筋トレと水泳を組み合わせる人もいます。

またほとんどのジムで、1回30分、1時間などで有料のパーソナルトレーニングも別途頼めるはずです。最初の数回はパーソナルトレーナーの指導を受け、その後は自分でトレーニングをしてみてもいいと思います。完全な個室で1対1のパーソナルトレーニングだけしか行わないジムもありますが、こちらはかなり高額になりますから、通常のジムに入会して、適宜パーソナルトレーニングを利用する、というのが一般的だと思います。

ただ、ウェイトトレーニングは基本的にひとりで行うもの。ずっとパーソナルトレーナーにつききりで指導してもらうなら別ですが、種目や負荷は自分で考えて行うことになります。年齢、性別、目的などによってどのような筋肉をつけたいかは異なりますし、きつさも伴いますから、常に自分に問いかけ励ましながら行う必要がある。最終的にはその人だけの世界ですから、通常はトレーナーも必要以上には立ち入らないようにするのが普通です。

通常のジム筋トレの流れを「予習」

実際に入会してみると、ジムではさまざまな方法でトレーニングをしている人がいます。少ない回数しか上げられない重い負荷に挑んでいる人もいれば、軽い負荷で回数を多く行っている人もいる。それぞれ目的にそって、各自「効果が実感できる方法」で取り組んでいるはずです。

ただ、初心者はその指針となるものがないため、自分は何をどのくらいやったらいいのか、悩むことになります。

そもそもウェイトトレーニングを日常に取り入れている人が、ジムでどのような時間を過ごしているのか、最初はまったくわからないのではないでしょうか。

そこで一般的なトレーナーが指導する筋トレのセオリーに沿ったメニューの例をあげておきます。前述したRM法に照らし合わせた通常のウェイトトレーニングメニューは次のようなものになります。
最大筋力アップは高重量・少回数、筋持久力のアップは低重量・多回数で、筋量アップはその中間の重量と回数でした。

1種目（たとえばベンチプレスなど）について、重さと回数は、目的によって以下のように違います。

Ⓐ最大筋力アップが目的の人
↓1RMの90％の重量を4回ずつ3セット
Ⓑ筋量アップが目的の人
↓75％の重量を10回ずつ3セット
Ⓒ筋持久力アップが目的の人
↓60％の重量を20回ずつ3セット

動作のスピードですが、多くのトレーナーは「なるべくゆっくりと」と指導するはずです。スピードの目安は、ベンチプレスの場合「2秒くらいかけて胸近くまで下げ、3秒くらいかけて上まで上げる」ではないでしょうか。ゆっくり行う意識を持つことで反動をつけることなく、しっかりと筋肉に負荷をかけるためです。また、ゆっくり下ろせば重力に抵抗することになり、やはり筋肉に負荷がかかる。**ゆっくり上げ下ろしすることが、トレーニングの効果を上げ、筋力や筋量のアップにつながる**というわけです。

1種目10分、3～5種目で1時間以内が目安

1セット終えて、次のセットを始めるまでのインターバルにも一定のセオリーがあります。最大筋力アップのために5RM前後のトレーニングを行う場合は長めの2～3分、筋量アップで10RM前後を行う場合は30秒から90秒、筋持久力アップで20RM前後を行う場合は30秒以下のインターバルにする、と指導されるケースが多いと思います。高負

荷ほどインターバルは長めにとり、負荷が軽くなるに従ってインターバルを短くするというわけです。

これらにかかる時間をトータルすると、いずれも6分から7分。ウェイトの付け替えなどがありますから、1種目を始めて終えるまで約10分というところです。何種目ぐらい行うかは、その人の目標やトレーニングに費やせる時間によっても異なるので、一概には言えません。ただ、ウェイトトレーニングには集中力が必要です。集中して取り組めるのは通常1時間までと言われており、3～5種目で終える人が多いようです。

標準的な行動パターンを整理すると、ジムに来たらトレーニングウェアに着替え、ウォームアップをし、ウェイトトレーニングを3～5種目行う。終えたらクールダウンの静的ストレッチをして、プロテインを飲み、シャワーを浴びて帰り支度をする、ということになります。ジムにいるのは1時間から2時間といったところでしょう。

ただし、このトレーニングの内容と行動パターンは年齢の若い人たちを含めての一般的なパターンですから、中高年で初めて筋トレに挑戦する人がこの通りに行う必要はまったくありません。というより、いきなりはできないと思った方がいいでしょう。

長い間、運動から遠ざかっていたことで体力も筋力も落ちている。とくに年をとると、重いものをゆっくり上げ下ろしするという動作がきつくなるわけです。RM法に従った設定重量を2秒かけて下ろし3秒かけて上げることを続けるなんて無理なのです。それは当たり前で、恥ずかしいと感じることなどいっさいありません。

最初のうちは、**軽い負荷で、スピードを速めにして数多く上げる方法**をお勧めします。

軽い負荷でもスピードを上げれば速筋は鍛えられる

筋肉に速筋と遅筋があることはご存じだと思います。速筋は瞬間的に大きな力を発揮する筋肉。ただ、筋肉中に少ししかない糖質をエネルギーにするため、すぐに消耗してしまいます。遅筋は大きな力は出せないものの長時間力を維持できるという性質があります。また、トレーニングによって太くなるのは速筋ですが、遅筋はあまり太くなりません。つまり、筋トレで鍛えているのは速筋がメインということになります。

この速筋を鍛えるのに有効なのは重い重量、つまり重いウェイトを持ち上げるトレーニングだと言われていますが、実は軽いウェイトでも鍛えられるのです。自分のマックスの50％程度の軽いウェイトで疲労困憊するまでトレーニングを続けて行うと、100％に近いウェイトでトレーニングをした場合と同じくらいの筋肥大が見られたという研究結果もあります。**大事なのはバテるまで反復することと、速筋に働きかけるために動作のスピードを上げること。**ウェイトが軽いと最初のうちは筋肉も温存されていますが、やがて疲れてくると温存しておいた筋肉も使わないと上がらなくなり、そこで速筋を肥大させる効果が生まれるというわけです。筋トレを始めてすぐから、セオリー通り重いウェイトに必死で挑むばかりが能ではありません。軽いウェイトで回数を増やし、スピードを上げたトレーニングも同じ効果があるということ。軽いダンベルやバーベルならば関節にも負担が少なく、女性にも取り組みやすいでしょう。もちろんバテるまで行わなければならないので、きついことには変わりなく、回数が多いぶん時間もかかりますが。

自重トレも同様で、バテるまでやれば筋量アップはできるわけです。腕立て伏せや腹筋は20回3セットなどと決めずに、できるところまで行うことが効果的なのです。

筋トレには年齢なりの、あるいは初心者なりのやり方があるということです。そして重いバーベルを持ち上げなくてもやり方によっては筋肥大が起こり、次第に重いウェイトにも対応できるようになる。そうなってから重いウェイトを使ったトレーニングを行えばいいのです。

筋トレをはじめて脳に刺激を与えると、最初のうちはビックリするほど早く、重いウェイトを持ち上げられるようになります。ただ、これは脳による刺激によって、もともと持っている筋肉が力を発揮できるようになったためで、**筋肉の量が急激に増えたわけではありません**。シニアの場合は、重いものを持ち上げるよりも、筋肉の量を増やすことを大きな目的にしていますから、「重いものが上がるから筋肉が増えた！」と喜びすぎないようにしましょう。筋量はジムにある体組成計などで測れるので、定期的に、と言っても毎日ではなく、月に一度とか隔月で測定するといいでしょう。シニアは体脂肪率よりも筋肉量の方に着目してください。

筋トレと並行して「ジョギング＋ダッシュ」で速筋・遅筋を同時に鍛える

なお、速筋を鍛えるのに効果的なのは筋トレですが、遅筋を強くするには有酸素運動が有効とされています。速度を速めたウォーキングやジョギング、エアロビクス、水泳などです。有酸素運動には心肺機能の強化、血流をよくするとともに血管の柔軟性を高める、体脂肪の燃焼、骨の強化、基礎代謝の向上などさまざまな効果があります。加えて有酸素運動によって遅筋が強化されることで体には多くのメリットがもたらされます。持久力が高まり、長い作業（ウォーキングやランニングも含む）をしても疲れが少ない、内臓が丈夫になり病気にかかりにくくなるといった効果がありますし、それ以上にうれしいのが太りにくい体になるということ。遅筋は脂肪をエネルギーとして動いており、強化されることで脂肪の燃焼が促進されるのです。脂肪の燃焼が進めば、当然脂肪の少ない体になる。その結果、ダイエットできるというわけです。

ですから、筋トレで速筋を鍛えるだけでなく、併行して有酸素運動を行い遅筋の強化もしていただきたいのですが、**速筋と遅筋を一度に鍛える方法もあります。ジョギング**

にダッシュを加えるのです。ダッシュは速く強い動作で速筋が鍛えられます。ジョギングでは遅筋が鍛えられるので、ダッシュを織り交ぜれば速筋も同時に強化できます。

私はジョギングをする際、できる場所を見計らって時々ダッシュしています。60歳過ぎのダッシュはあまりかっこうのいいものではありませんし、ちょっと照れくさいかもしれません。が、他人はそれほど気にしていないもの。速筋と遅筋の両方を鍛えるため、筋トレだけでなく、安全な場所でのジョギング＋ダッシュをお勧めします。

ゆる過ぎトレ、だらだらトレは効果が薄い

中高年には軽いウェイトをスピードをつけて多回数上げるトレーニングも有効なことを述べましたが、難点は時間がかかることです。初めは筋肉も元気だし気持ちも新鮮なので、バテるまで一気にできるでしょうが、３種目めくらいから集中力が切れてきて、ついダラダラとやりがちです。ウェイトが軽いため惰性でもある程度できるからです。

しかし、**筋トレでは、このダラダラというのが一番よくない**のです。筋肉を動かしてい

るのは脳。脳が筋肉に動けと指令を送る。筋肉はそれに応えて動き、脳にも刺激が伝わるという関係になっています。筋トレでは筋肉に「強くなれ、太くなれ」と語りかけるようにするといいという話が出ることがありますが、それもあながち間違いとは言えません。脳から伝わる意識が筋肉の成長につながるからです。

ですから、集中力が切れてきていることを感じたら、今行っている種目までで終えた方がいいでしょう。筋トレを集中して行えるのは、慣れた人でも1時間程度と言われています。なかには2時間でも集中を途切らせることなくトレーニングを続ける猛者もいますが、初心者は1時間ももたないと見ていいでしょう。せっかく来たのだからと、多くの種目を行いたくなる気持ちは分かりますが、長時間ジムにいたところで効果が上がるわけではないのです。

筋肉痛とのつきあい方

筋肉をつけるにはきついトレーニングが必要です。

そうしたトレーニングを始めた時は誰でも、その翌日か翌々日には筋肉痛が出ます。1章で紹介したように、スポーツ医学の専門家であり、よく動きまわるタイプの私でさえ空手の稽古を始めた当初は毎回、猛烈な筋肉痛に襲われました。デスクワークばかりで、ほとんど体を動かさない生活を続けて定年を迎えた人がトレーニングを始めたら、それ以上の筋肉痛が出るかもしれません。

筋肉痛が起こるのはなぜか。

以前は運動時に出る乳酸が筋肉を硬くすることで起きるのではないかと言われていましたが、その説はすでに否定されています。乳酸はエネルギーをつくるために使われ、すぐに減少していくからです。

筋肉痛発生要因として現在、スポーツ医学で定説になっているのは次のようなものです。運動によって筋肉の収縮を激しく繰り返すことで筋線維に小さな損傷が起こる→その損傷を修復するために白血球が働くことで炎症が起こる→炎症が起こる時に発生する物質（ブラジキニンなど）が筋膜を刺激するため痛む、というのが筋肉痛の「仕組み」です。

筋肉は損傷が修復されることで、より強くなります。筋肉痛が起こるのは、その修復が行われている過程であり、筋肉を強くするためには必要不可欠な生体反応なのです。きつい運動をして筋肉を損傷させ、修復されるのを待つために休息を取り、筋肉をつくるための材料となるたんぱく質をしっかり摂ることで、より強い筋肉ができることを超回復といいます。この超回復を繰り返すことがトレーニングといえるわけです。

では、運動していなかった人が、いきなり激しい運動をすると筋肉痛が起こるが、その後も同様の運動を続けた場合は筋肉痛が起きなくなるのはなぜなのか。これも超回復の理屈を理解していれば簡単なことです。

初めてのトレーニング時、筋肉はその負荷に耐えられない弱い状態であるため損傷が大きく、激しい筋肉痛が起きます。しかし損傷が修復されるとともに超回復の効果で、より強い筋肉が作られます。2回目のトレーニング時には、筋肉が強くなっているため損傷は少なくなり、1回目より軽い筋肉痛で済みます。3回目のトレーニング時には、さらに筋肉は強くなって損傷も減り、筋肉痛はほとんど感じなくなる、ということです。

つまり筋肉痛が起こらなくなるのは、運動を繰り返すことによって、筋肉が運動の負荷に耐えられるよう適応し強化されたということ。筋肉痛がなくなるのは筋肉が強くなった証しなのです。

ここでは、このプロセスをわかりやすいように1回目、2回目と回数で表現しましたが、運動のレベルや個々の筋肉量や質によっても筋肉痛の出方が異なることは理解しておいてください。

それと頭に入れておいてほしいのは、筋肉痛が出ている時の過ごし方です。たとえば「筋肉痛は運動に慣れていないため起こるものだから、痛みに耐えてでも運動を継続し、体を慣らした方がいいのではないか」などと考えがちです。しかし、筋肉痛が出ている時は壊れた筋肉を修復している最中。そんな時に運動などしたら、さらに損傷が増え、筋肉痛の回復を遅らせてしまいます。まあ、起き上がることさえつらい筋肉痛の時は、運動する気も起こらないでしょうが。筋肉痛は「今は壊れた筋肉を修復し、より強い筋肉につくり替えようと頑張っている時だから、おとなしく休んどけ」と体が出しているシグナルなのかもしれません。

筋肉痛を早く治す方法として、運動の直後のアイシングや少し時間をおいて筋肉を温めたり、マッサージをするといったことが紹介されていますが、ジタバタせず、痛みが命じるままに筋肉を休ませることが一番です。アスリートに対しては、リカバリーといって軽いジョグや水中歩行、ストレッチなどを勧めることもありますが、定年後にトレーニングを始めたレベルなら、**静かに休んでいた方がいい**のです。

ただ、タンパク質を摂ることは意識すべきです。筋肉を修復し、より強く再生させるための材料になるのがタンパク質。食事では牛乳、乳製品、肉、魚、卵、豆腐、納豆などタンパク質を多く含むものを摂る。吸収を早めたいならアミノ酸が含まれる飲料やプロテインを飲むのも有効です。

筋肉痛がある時は、しっかり休み、タンパク質を多く摂るようにする。これが最良の過ごし方といえるでしょう。

短時間で効果を求めるならこの種目をやれ

ジムの常連さんの行動を見ると、実に無駄がありません。ロッカールームでトレーニングウェアに着替えると、すぐにウォームアップ。自分が決めた方法で行い、体が温まったことが確認できたら、フリーウェイトやマシンに向かう。目的の種目をやり終えると、クールダウンのストレッチを行い、シャワーを浴びて帰る。決して急いでいるわけではないのに、ロスがなく素早い。流れるような動きはなかなかのかっこよさです。こうなれば、1時間でも効果的な筋トレはできるということです。

そうした人たちは選ぶ種目も合理的。少ない種目で最大の効果を上げる方法を知っています。

ウェイトトレーニングには**BIG3**と呼ばれる、ベースとなる種目があります。それが**デッドリフト、バーベルスクワット、ベンチプレス**です。トレーニングエリアにはさまざまな筋肉を鍛える種目が並んでいますが、この3種目さえやっていればいいという専門家もいるほどで、筋トレの王道とも言われる種目なのです。

BIG3がこれほど評価されるのは、コンパウンド（複合）種目であることがあげられます。1つの動作で複数の筋肉と関節に負荷をかけることができるのです。合理的かつ短時間に主要な筋肉を鍛えられるというわけです。

　また、より大きな筋肉に刺激を与えられる点でも優れています。体の中で最も大きな筋肉は太ももの大腿四頭筋。次に大殿筋。体重を支え行動するための大事な筋肉です。上半身で大きいのは肩を覆うようについている三角筋、背中の表層にある僧帽筋、胸板を形成する大胸筋。いずれも中心部にある筋肉です。木に例えれば、これらは幹の部分にあたると言えるでしょう。大きな筋肉を鍛えることで、体を支えるベースの部分を強くするのです。

　大きな筋肉を鍛えることは他にもいくつかの利点があります。大きい分、大量の血液が送り込まれて血流がよくなり、その周囲の筋肉にも刺激が与えられます。また、効果の転位といって、それ以外の小さな筋肉も強くなるのです。さらに、大きな筋肉が大きくなれば代謝効率が上がるというメリットもあります。ＢＩＧ３以外の種目はまったくやらないという人もいます。ベテランでも、まずＢＩＧ３を行ったうえで、時間があれば他の鍛えたい部位を１～２種目サッとやって帰る人も少なくありません。３種目なら初心者でも集中力は続くはずですし、ＢＩＧ３に慣れるところから始めることをお勧めします。

ウェイトトレーニングの基本BIG3の効果

BIG3は「デッドリフト」、「バーベルスクワット」、「ベンチプレス」の3種目。それぞれの効果を解説します。

デッドリフトは、床に置いたバーベルを両手で持ち、腕を伸ばしたまま上体を起こして引き上げていく種目です。背中を真っ直ぐにすること、腹筋に力を入れて腹圧をかけることなど注意ポイントはいくつかありますが、デッドリフトは正確なフォームを身につけるのがとくに難しい種目ですし、実際にやってみないとポイントはつかめないので、トレーナーの指導を受けてから行うようにしてください（他の2種目も同様）。

デッドリフトで鍛えられるのは、太もも前面の大腿四頭筋、太ももの裏側にあるハムストリング、お尻にある大殿筋、背中の肩甲骨下にある広背筋、広背筋上部の僧帽筋、背中の中心に位置する脊柱起立筋などです。体の中心部にある大きな筋肉が鍛えられることがわかると思います。

デッドリフトの難点は腰への負担が大きく、痛める可能性があること。しかし、腰を痛めるのはフォームに問題があるためで、故障のリスクを避けるためには、他のトレーニング以上に正しいフォームをしっかり習得してから慎重に行ってください。

バーベルスクワットは、バーベルによる負荷をかけてスクワットを行う種目です。パワーラックにセットしたバーベルを両手で握り、首のつけ根のところにバーベルを載せてラックから外し、その状態でスクワットを行います。効果は自重のスクワットと同様で、大腿四頭筋、大殿筋、股関節の内側にある内転筋などが鍛えられます。バーベルによって大きな負荷をかけるので自重のスクワットより強い筋肉が獲得できるというわけです。バーベルスクワットも間違ったフォームで行うと、腰を痛めるリスクがあります。

（フォームは212ページ参照）

ベンチプレスはベンチに仰向けになり、バーベルを上げ下ろしする種目です。

ベンチラックにセットしたバーベルを両手で握り、両腕の力で持ち上げて外し、ヒジを伸ばした状態から、ゆっくりとヒジを曲げてバーベルを下ろしていき胸に軽く当たる位置まで下ろしたら押し上げていくという動作を反復します。ベンチプレスでは大胸筋や二の腕の部分にある上腕三頭筋、肩を覆う三角筋などが鍛えられます。ベンチプレスはしっかりと胸を張り、大胸筋を意識して「腕ではなく胸で上げる」感覚が大事。また、初心者はバーベルのバランスをとるのが難しかったり、上げ下げする位置がずれたりするので、やはり指導を受けてから行ってください。（フォームは216～217ページ参照）

まずはこの3種目の正確なフォームをマスターすることです。筋肉にしっかりと負荷がかかった感覚をつかめば充実感がありますし、モチベーションも高まる。大きな筋肉が鍛えられることでさまざまなトレーニングをするための土台もできるのです。

ジムで筋トレを行うには、人間関係も大事

BIG3の3種目を行い、チャレンジしたい種目をもうひとつぐらい――これなら1時間以内に終わるでしょう。ウェイトトレーニングは短時間に集中して行うもので、トレーニングエリアに長居をするのは禁物です。

ただ、トレーニングを終えてシャワーを浴び、さっぱりした後、知り合ったジムの仲

間とちょっとした会話を交わす時間は楽しいものです。ベテランに親切な人がいればいろいろとアドバイスがもらえますし、同世代の初心者がいれば互いにはげまし合っていける。こうした人間関係をつくれるかどうかも、実はウェイトトレーニングを続け、効果を上げる大きなポイントにもなるのです。

定年後、社会や地域で孤立してしまう人は少なくないと言います。それまでは会社の人間関係がすべてだった人が会社に行かなくなると周囲に知り合いはほとんどいません。根っから社交的な人はすぐにでも新たな人間関係が築けるでしょうが、そうでない人は孤立してしまうわけです。

しかし、トレーニングジムやスポーツクラブに行けば孤立から解放されます。まず健康的なスタッフが親切に対応してくれます。通っていれば顔見知りができ、会話を交わすようにもなる。レベルやキャリアに差はあるにせよ同じきつい思いを味わっている者同士、共感できるものがあり、交友関係も生まれるわけです。

また、トレーニングジムに来る人はほとんどが前向きなタイプです。体を鍛えているのは何かにチャレンジするため。そういう人たちとともにトレーニングをしていると、新たにチャレンジする対象も見つかるはずです。そのようなきっかけをつくるためにトレーニング後の時間を利用するのもいいと思います。

ただ、知り合ったばかりの人に仕事や家庭のことをあれこれ聞くとか、自分の会社員時代の自慢話やら思い出話を語り始めるのはＮＧ。

ジムに来ている人の第一の目的はまず「トレーニング」で、「人脈づくり」ではありません。通っているうちに自然と親しい仲間ができることは多く、それも楽しみのひとつですが、無理に最初からインストラクターや他の会員と親しくなろうとうする必要はありません。お互いのペースややり方を尊重し、マナーを守って接するようにするだけでじゅうぶんです。

トレーニングデータを記録するとモチベーションが上がる

週に1回程度でもジムでウェイトトレーニングを行えば、確実に筋肉は成長し、体も締まってきます。初心者でも数か月続ければ体の変化が実感できるはずです。

ウェイトトレーニングのいいところは、努力の成果が数字として表れることでしょう。重量や回数がそのひとつ。「これまで上げられなかった重量が上げられた」、「6回上げるのが限度だったのが7回できた」ということが、きつい思いをした分、素直にうれしい気持ちになれます。

ウェイトトレーニングの世界に馴染んでくると、自分の1RM（1レップ）の重量を上げていくという目標も生まれます。たとえば1RMが推定50キロで、80％の40キロを8回3セットで行っていた人が、10回3セットできるようになった場合、RM法の表で換算すると、1RMが53キロに上がったことになります。推定値ですが、自分の筋肉が3キロ分、重いものを上げられる強さになったことがわかるわけです。「今は筋肉が順調についているから、もう少し頑張って1か月後には1RMを55キロにしよう」とか「半年後には60キロを超すぞ」といった目標も生まれ、きついトレーニングにも積極的に向き合う姿勢につながります。

その意味でもトレーニング記録をつけることは重要です。筋力や体の変化を把握するだけでなく、モチベーションをかき立てるのにも役立ちます。

トレーニング後に今日行った種目とその強度（重量・回数）などをデータとして残すのです。トレーニングをするたびに、そのデータがたまっていく。1年経過した時、始めた頃の記録を見ると、驚くような変化があるはずです。「あの頃は、こんな重量も上げられなかったのか」と。積み重ねたトレーニングの成果と筋肉の成長を実感できるのです。

トレーニング記録用のスマホアプリもありますし、PCでダウンロードできるテンプレートもあります。メモ帳でも十分ですが、エクセルなどで自分に合った記録シートをつくるのもいいでしょう。

記入する項目例としては次のようなものが考えられます。

日付、曜日、トレーニング開始時間と終了時間、開始前の体重、体脂肪率、血圧、行った種目と強度（重量・回数）、各種目の1RM、睡眠時間などです。

また、空欄をつくって、その日のトレーニングで感じたことを記入するのもいい。「上腕に筋肉痛が残っていた」「スクワットの時、ヒザに痛みを感じた」「ベンチプレスは2セット目でバテてしまった」などと書きとめておくのです。こうした記録をつけて

トレーニング記録の例

月　日	時　分～　時　分			睡眠時間		
開始前	体重		体脂肪率		血圧	
終了後	体重		体脂肪率		血圧	
行ったトレーニング			負荷		回数	セット
1						
2						
3						
4						
5						
6						
7						
8						
9						
10						
メモ						

おくと、自分に合ったトレーニングがわかってくることがあります。種目の数値を並べて比較することで強い筋肉と弱い筋肉がわかる。また、たとえばデータを見て、中2日でトレーニングするとバテるが3日空けると調子がいいといった傾向が見えてくれば、それにスケジュールを合わせるようにすればいい。自分に合ったトレーニングの内容や負荷、頻度などを知る材料になるのです。

筋トレは太りにくい体をつくってくれる

もうひとつ、トレーニング記録に記入されたデータで、モチベーションを高めるものがあります。体重と体脂肪率、筋量です。

筋トレは脂肪を減らす代わりに筋肉量が増えるので、体重が急激に大きく減ることはありませんが、減らせることは確かですし、体脂肪率はグングン減っていきます。また、大きく変化するのは胸囲と腹囲。胸囲は広がっていき、それに反比例するように腹囲は細くなります。かっこいい体にすることを目的に筋トレをする人は、記録シートに胸囲と腹囲の項目を入れてもいいかもしれません。

「筋トレはダイエット（英語のdietの意味は食事制限、減食で、ここから転じて減量という意味に使われる）にいい」といわれることがありますが、正確には**「筋トレは太りにくい体をつくる」**でしょう。

人間をはじめ動物は食べ物から摂った栄養を吸収し、エネルギーをつくり出して消費するという一連の仕組みによって生きています。このエネルギー消費を代謝といい、そのうち血液を流したり内臓を動かしたりといった生命を維持するために使われるのが基礎代謝です。基礎代謝の20％以上を消費しているのが全身の筋肉。**筋トレによって筋肉を増やせば基礎代謝量は上がり**、摂った栄養はどんどん消費され、余分な脂肪をため込むことなく**太りにくくなる**というわけです。

筋トレで筋肉をつけると、この他にも太りにくくなる効果が現れます。まず、筋トレを行うと交感神経が活発に働き「ノルアドレナリン」が分泌されます。ノルアドレナリンには代謝を上げるとともに体脂肪を分解しエネルギーにする働きがあり、脂肪が減っていくのです。また、筋トレをすることによってアイリシンというホルモン、筋肉量が大きくなることによってサルコリピンというタンパク質が増えます。この2つの物質は体の熱を産生する働きをする。つまり**筋トレをすると活動に必要な熱をつくりやすい体になり、多くのエネルギーが消費される**というわけです。

もちろんジョギングや水泳などの有酸素運動もエネルギーを消費し、脂肪を燃焼させるので体重を落とすことができます。ただ、その効果があるのは運動をしている時だけ。筋肉を増やして基礎代謝を上げれば、運動をしていない時や睡眠中もエネルギーが消費される。**筋トレを続けている限り常に太りにくい状態にある**のです。

筋トレも有酸素運動も減量の効果がありますから、できることなら両方行った方がいいでしょう。ただ、効率がよいのは筋トレということになります。

4章

定年筋トレライフの食生活と日常習慣

糖質オフダイエットで最初に減るのはほとんど水分

今やダイエットは人々の一大関心事のようで、さまざまな方法が現れ、評判になれば誰もが飛びつくということが続いています。ただ、私はその多くを懐疑的に見ています。ほとんどの「ダイエット法」の評価基準は「体重が減るかどうか」だけであり、健康への配慮が後まわしになっているからです。

その最たるものが糖質オフ（制限）ダイエットです。体重を落としたいなら糖質を摂るな、炭水化物は食べるなという話がまるで常識のように語られ、痩せたい人はそれに従っている。企業もその流れに乗っています。清涼飲料からビールまで糖質オフをＰＲして、これなら太らないと誰もが喜々として飲んでいる。しかし、それは大変な誤解なのです。

糖質の摂り過ぎが太る原因とされているのは、「エネルギーとして使われずに余った糖質はすべて脂肪に合成される」という言説が、いまだに信じ込まれているからでしょう。

それがそもそも大間違い。人間の肝臓に糖質を脂肪に変える能力はほとんどないのです。そのメカニズムはこうです。

人間は脳の指令によって生きているため脳を優先的に守る構造になっています。その脳の唯一とも言えるエネルギー源が糖質。しかも摂取したエネルギーの2割近くを消費します。糖質は体の機能を保ったり、動くための大事なエネルギー源ですが、脳にもしっかり働いてもらわなければならないので糖質をどんどん摂る必要があります。しかし、消費し切れずに余ってしまう時があるのです。脂肪は糖に変換できないので、余った糖質は肝臓と筋肉にグリコーゲンとして蓄えられることになります。食べ物からの糖質が足りない時は、グリコーゲンを糖に変えて体を動かすエネルギーに使ったり脳に送り込むのですが、そのためにキープしておくわけです。最近の研究では、高糖質食を摂っても脂肪合成が1日10グラムを超えることはない、と結論づけられています。脂肪に変えてしまったら脳のために使えないからです。

このグリコーゲンはその量の3倍の水と結合するという性質を持っています。糖質オフダイエットで体内の糖質が不足すると、グリコーゲンが消費されるのですが、そのときに分解されてできた水分は体外に出ていきます。これが糖質オフダイエットの「正体」なのです。糖質を制限すると、**体重は確かに最初のうち急激に落ちます。けれど減ったのは、ほとんどが「水分」にすぎず、脂肪ではありません。**そもそも、脂肪を1kg減らすには、単純計算しても約7000キロカロリーのエネルギー消費が必要です。つまり1日の消費カロリーが2000キロカロリーの人が3日絶食しても、脂肪は1kg減らないということです。**正しいダイエットとは「体重を減らすこと」ではなく、「脂肪を減らして筋肉を増やし太りにくい体にすること」**です。

糖質オフダイエットで減るのはグリコーゲンと水だけということを肝に銘じてください。しかもグリコーゲンが少なくなるのは体にとって異常事態です。再び少量でも糖質が体内に入ってくると、体は優先的にグリコーゲンを水分とともに蓄えようとします。つまりリバウンドしやすくなるということです。

糖質制限ダイエットを続けると筋肉が減っていく

糖質制限ダイエットとリバウンドが起こる仕組みを説明しましたが、リバウンドを避けたいがために、ずっと糖質制限を続ける人も少なくありません。すると、恐ろしい事態に陥ります。

肝臓と筋肉のグリコーゲンはどんなに蓄えても、せいぜい1200カロリー程度です。糖質制限を続けると、グリコーゲンはどんどん減っていきます。脳は糖が唯一エネルギー源ですから（飢餓状態などではケトン体も使われます）、その蓄えであるグリコーゲンを確保しておきたい。筋肉などの動きに消費されては困るので、使われないよう制御し始めます。糖質制限が進むと、体に力が入らない、全身がだるいといったことが起こりますが、それは脳の制御による反応なのです。また、脳にも十分な糖質が送られていないので、眠気が続いたりやる気が起きなかったりします。これでは仕事や勉強はもちろん、あらゆることができなくなります。

この状態が進みグリコーゲンが枯渇すると、さらに大変なことが起きます。**脳は働く**

ためのエネルギーを求めて筋肉を栄養にし始めるのです。筋肉のアミノ酸は分解されるとアラニンという物質になり肝臓に運ばれることでブドウ糖に合成される。非常事態だから筋肉のことなどどうでもいい、とばかりにこの糖をエネルギー源にしてしまうのです。

筋肉は栄養として使われるため当然細くなり、十分な力を発揮できなくなる。脂肪は落ちていないから体は重いままで、ますます動きづらくなる。やる気は出ないし、気持ちも落ち込むという不健康まっしぐらの悪循環に陥るのです。

また、そこで間違いに気づき、糖質を摂り運動を始めたとしても復活するまで時間がかかります。筋肉が衰えていて脂肪を燃焼させるまでの運動ができなくなっているからです。

そうした事態に陥らないためにも、糖質はしっかり摂るべきです。

ただ、ひとつだけ糖質制限を受け入れていい部分はあります。前述しましたが、寝る前の食事は避けるということです。

糖は脳はもとより体にとっても重要なエネルギー源。クルマでいえばガソリンです。

ガソリンを入れなければクルマが走れないのと同様、人間も糖質がないと動くことはできません。だから、これから活動する朝食、昼食ではしっかりと炭水化物を摂らなければならない。しかし、夜寝る前は少し事情が異なります。寝ている時も脳は働いていますし、内臓も動いている。基礎代謝が行われエネルギーは使われているわけです。ただ、日中ほど動くことはなく、多くのエネルギーを必要とはしていません。寝る直前に食事を摂ったら使われない栄養が体に残り、やはり太る原因になるのです。

そしてダイエットをするなら体重を落とすことだけに目を向けず「健康になるために行動し、その結果体重が落ちたらいい」という考え方にあらためるべきなのです。

それには筋トレが最適であることは、ここまで本書を読まれた方はすでにおわかりだと思います。

理想的な食事は炭水化物60％、タンパク質20％、脂質20％

年をとると食事の量は減っていきます。若い頃は大好きで毎日のように食べていた肉も、あまり食べる気にならなくなる。食事量が減るのは基礎代謝量が減少しているのですから自然なことですが、肉が食べられなくなるのは体の衰えの兆しである可能性があります。

元気な高齢者は肉を食べているという話をよく聞きます。それで、肉を食べれば長生きできるという説が出るわけですが、私は**肉を食べられるほど体力があるから長生きできる**ととらえています。

肉を消化吸収してエネルギーに変えるには消化器系をはじめとした内臓が元気に働いている必要があります。内臓の丈夫さは生来的なものもあるかもしれませんが、その人が活動的だからだとも考えられます。動けば体力が維持できるし、お腹も減る、だから肉が食べられる、肉を食べれば体をつくるタンパク質が摂れ、筋肉や体の組織も維持できる、それでまた動けるという好循環が起きているはずです。

その好循環を生むためにも、筋トレをはじめとする運動をすることが大切なのです。筋トレで筋肉がつけば基礎代謝量が上がります。エネルギー消費が増えた分、体はそれに見合う量の食事を欲します。若い頃のように肉だってもりもり食べたくなるでしょう。年齢別基礎代謝量のデータとは反比例するように体力の歯車が逆回転し始めるのです。

ところで筋トレもマニアックなレベルになると、食事も特殊な方向へ向かう傾向が出てきます。脂質を限りなくゼロに近くするとか、毎食鶏のササミとブロッコリーとゆで卵を食べるなど、です。ただ、ボディビルダーを目指すのならともかく、定年前後からトレーニングを始めた人は、バランスの取れた食事を摂ることをお勧めします。

痩せたい人やボディビルダーから悪魔のように避けられている脂質も、生命を維持するための大事なエネルギー源ですし、細胞の膜やホルモンをつくる原料になります。脂溶性ビタミン（A、D、E、Kなど）の吸収を助ける役割も果たしますし、一定量は摂った方がいいのです。それに脂を含む料理はおいしいですからね。食事は楽しみであることも大事なのです。

私が**推奨したいエネルギー摂取比率は炭水化物60％、タンパク質20％、脂質20％**です。日本人の平均的食事バランスは炭水化物60％、タンパク質15％、脂質25％と言われていますが、最近は炭水化物（糖質）が嫌われて60％以下になる傾向がある。しかし、これまでも述べてきたように糖質は重要な栄養素。60％のラインは死守してください。また、日本人はタンパク質の摂取が少なめな傾向があったのですが、トレーニングで筋肉をはじめ体の各部を強くするにはタンパク質が必要ですから、20％は摂った方がいい。ということで炭水化物、タンパク質、脂質の比率は6・2・2。できるだけこの比率に沿った食事を摂ることを心がけてください。朝、昼、晩の3食ともです。前述の通り20gのタンパク質は筋トレ後に摂ることが効果的です。

運動量が増えればガッツリ食べても大丈夫

食事バランスの次は食事量です。

筋トレを始めれば、60代であっても食欲が湧いてくる。食事はもりもり食べたくなるはずです。食欲が湧くのはエネルギーを使った分、それを補充する必要があるからで、当然の作用です。

「でも、こんなに食べちゃっていいのかな」と不安になる人もいるでしょう。とくにお腹のポッコリをへこませたいと思って筋トレを始めた人は、食べ過ぎを気にして、ご飯のおかわりを躊躇するかもしれません。

おかわりしても大丈夫です。

アフリカのマサイ族の1日の平均カロリー摂取量は3000～3500キロカロリーといわれています。一方、現在の日本の成人男性の1日の推定摂取カロリーは1800～2200キロカロリー。マサイ族は日本人の倍近いカロリーを摂っているのです。しかし、マサイ族に太っている人などいません。逆に摂取カロリーが少ない日本人の方が体にぜい肉をつけていて「ダイエットしなきゃ」とか言っている。

これは運動量の違いです。マサイ族は放牧のために1日12時間以上、動いているそうです。これだけ動けば3000キロカロリー以上の食事を摂っても太らない。ところが現在の日本人はパソコンの前に1日中座っているし、移動も電車やクルマ。動かないから2000キロカロリー程度の摂取でぜい肉をつけてしまうわけです。

筋トレというハードな運動をしているのなら、ご飯のおかわりなど、まったく気にすることはありません。

ちなみに厚生労働省の「日本人の食事摂取基準（2015年版）」にある推定エネルギー必要量は50～69歳男性（普通の身体活動レベル）が2450キロカロリーです。平均的な日本人は厚労省が必要だとしている量を食べていないことになります。もっと食べていいのです。ただし何度も言いますが、運動を欠かさないことが条件です。

「野菜を先に食べたほうが太らない」説は気にしなくていい

いくら「食べてもいい」と言われても、お腹いっぱいになるまで食べることに抵抗を感じる人もいるかもしれません。そんな人には、いい方法をお教えします。食事の途中、早めに満腹感を得てしまえば食べ過ぎを避けることができるわけで、そのための食事法があるのです。

「食欲ホルモン」と呼ばれるグレリンという物質があります。グレリンは空腹時には体内で分泌が増え、満腹になると減っていきます。お腹が減るとグレリンが増えてきて脳に「お腹が減った」と伝え、食事をすると減っていき、それによって脳は満腹感を得るわけです。つまり、**グレリンを早く減らせばすぐに満腹感を得られ、食べ過ぎなくて済む**ということになります。

実はこのグレリン、栄養素によって反応の仕方が異なります。同じ量を食べて比較すると、炭水化物とタンパク質にはすぐに反応して減っていくのに脂質の場合はなかなか減っていかない。どうしてこういう反応をするのかは解明されていないのですが、この作用によって脂質を多く含む食べ物は、つい食べ過ぎてしまうわけです。ということは、**食事では炭水化物とタンパク質を早めに食べるようにすればいい**のです。

朝食のメニューが、サラダ、ハムエッグ、パンだったら、パンとハムエッグを先行して食べるようにする。サラダが先だと思っている人が多いですが、**野菜を先に食べた方がいいというのは血糖値を急激に上げないようにする糖尿病患者の食べ方です**。

日常的に運動をしている健康な人ならば、とくに野菜から食べる必要はありません。それよりもパンを早めに食べるようにすれば満腹感があって、少なめの量でも満足できます。

昼と晩も同様です。定食だったら、ご飯を先行させる感じ。うどんやパスタもすぐに満腹感が得られる食事といえます。

そういえば、こんな経験をしたことはありませんか。お昼前や夕方に人に会うことになって、お茶やコーヒーを飲みながらお菓子やケーキを食べた。そうしたらなんとなく満腹感があって、昼や晩のご飯が進まなかったということが。それは甘いもの＝糖質を摂ったことで空腹の指令を発するグレリンが減り、また血糖値が上がったことも手伝って満腹感を得たからです。

ですから、食べ過ぎを避けたいと思っている人は、炭水化物やタンパク質を意識して先行させて食べるようにすればいいのです。

それにプラスして、**よく噛んで食べること**も大事です。よく噛むと唾液の分泌が促進されます。その唾液と食べたものが混ざって細かくなり、より早く糖に分解される。すぐに血糖値が上がって満腹感が得られるのです。それに噛んでいると食事に時間がかかります。脳の満腹中枢は満たされ、余計な量を食べる気が起きなくなるわけです。

炭水化物を先行させて口に入れ、よく噛んで食べる。これが食べ過ぎを防ぐ最良の方法なのです。

野菜にも炭水化物やタンパク質は含まれている

サラダから先に食べる必要はない、と書きましたが、野菜にも炭水化物やタンパク質を多く含むものがあります。ジャガイモやサツマイモ、カボチャなどには糖質が多く含まれますから、先に食べれば満腹感が早く得られます。ボディビルダーの中には、糖質をジャガイモをゆでてつぶしたマッシュポテトから摂る人も少なくありません。また、大豆などの豆類はタンパク質を多く含みます。大豆そのものはもちろん、加工した納豆や豆腐を積極的に摂ることも筋トレ業界の常識になっています。まあ、この辺の野菜はレストランのサラダには、あんまり出てきませんから、やはりサラダは後まわしでいいのですが。

なお、大豆のタンパク質の話をしましたが、筋肉の合成には肉や魚、乳製品などの動物由来のタンパク質の方が効率がいいという研究結果があります。納豆や豆腐を食べるのはもちろんお勧めしますが、それだけで十分と思わず、肉や魚、牛乳やチーズなどもしっかり食べるべきです。

ともあれ野菜はトレーニングでの体づくりには欠かせないものです。野菜に含まれるビタミンやミネラルには筋肉の増強を助ける働きがあります。ビタミンでは、まずB群。B_6はタンパク質をアミノ酸に分解するときに活躍しますし、B_1、B_2は糖質、タンパク質、脂質の代謝を助けます。また、B_5（パントテン酸）は副腎皮質ホルモンの分泌を促進、B_9（葉酸）とB_{12}は赤血球の成長を促します。トレーニングをしている人にとってB群は意識して摂る必要がある栄養素なのです。また、ビタミンCは免疫力を高める役割をする。ハードな筋トレをして疲れ切った時は免疫力が下がりますから、それを防ぐためにも必要です。ビタミンDはカルシウムやリンの吸収を促します。

野菜に含まれるカリウム、カルシウム、マグネシウム、鉄などのミネラルもタンパク質の代謝に関わり、筋肉の合成には欠かせないものです。そして食物繊維。筋肉の合成に直接関わるわけではありませんが、腸内環境を整え、便通をよくすることは代謝の向上につながります。

加えて多くの野菜は脂質をほとんど含みません。その点でもトレーニングで体脂肪を減らそうとしている人にはありがたい食材で、積極的に摂るべきなのです。

ただ、野菜によって含まれる栄養素はそれぞれ異なり、必要なビタミンやミネラルをしっかり摂ろうと思ったら、さまざまな野菜を食べなければならなくなってしまいます。

そこで浮上してくるのがブロッコリー。ブロッコリーには、タンパク質、ビタミンB_1、B_2、B_6、ビタミンC、カルシウム、マグネシウム、食物繊維が含まれています。筋肉合成につながる栄養素が効率よく摂れる野菜というわけです。しかも野菜の中では食べごたえがあり満腹感も得やすい。そんなことからボディビルダーなどが好んで食べるわけです。

しかし、ブロッコリーに含まれない栄養素もありますし、こればっかり食べていたら、さすがに飽きますから、野菜料理にはなるべくブロッコリーも加えるようにする、という程度でいいのではないでしょうか。

体重計に乗ったら、体重・体脂肪だけでなく筋肉量もチェック

筋トレなどの運動を始め、過食防止の法則を守って食事をしていれば、体脂肪は順調

に減っていくはずです。運動で使うエネルギーは多くなっているのに、体に入ってくるエネルギーは少なめ。足りない分は脂肪を分解してエネルギーにするしかないわけで、使われた脂肪が消えていくわけです。当然、体重も減るでしょう。こうなると体重計に乗るのが楽しみになります。

最近の体重計（体組成計）は体重だけでなく、体のさまざまなデータを測れるようになっています。体脂肪などは当たり前。機種にもよりますが、それ以外にも筋肉量、BMI（世界保健機関が提唱する肥満を判断する基準値）、水分量、皮下脂肪率、内臓脂肪レベル、体内年齢、骨格筋率、推定骨量、基礎代謝まで測れるものがめずらしくありません。しかも、これだけの高機能を備えた機種が３０００円前後で買えます。テクノロジーの進化には目を見張るばかりです。

自分の体のデータはモチベーションに直結します。体重ひとつとってもそうです。トレーニングをサボってラクな方に逃げたり、欲望のタガが外れて好きなものを食べまくったりした時は体重計に乗りたくありません。増えているのが乗る前からわかっている時は、逆に自らを律してトレーニングに励み、食事もコントロールできているからです。

体重計に乗るのが楽しみです。頑張った成果が体重減少というデータとして表れるからです。

いわば前者は自分自身の弱さによって悪循環にはまっている状態。後者はそれを乗り越えて、好循環の流れにいる状態。筋トレを始めた時は気持ちが前向きになっている状態にありますから、体重計に乗ってさまざまなデータを把握する習慣をつけ、数値がよくなっていくことをモチベーションにしてしまう。そうすることで筋トレにも励みが生まれて筋肉は順調につき、体や精神の状態もよくなるという好循環が生まれるわけです。

筋トレを始めたら、さまざまなデータが測れる体重計を手に入れることをお勧めします。なお、高機能の体重計で体脂肪データなどのチェックをするうえで、ひとつ頭に入れておいてほしいことがあります。数値に誤差があるということです。体重は計器にかかった重さがダイレクトに表示されるので正確ですが、体脂肪率は体に微弱な電流を流し、電気の流れやすさ（電気抵抗値）から脂肪量を推定するという方法をとっています。脂肪はほとんど電気を流さないが筋肉は流れやすいという特性を利用し、その比率から数値を割り出しているわけです。

ただ、その数値には体の水分量が影響を与えます。水は電気を通しやすいからです。体の水分量が多くなっている時は電気が流れやすくなり体脂肪率の推定値は低めになる、水分量が少ない時は高めの値になるということです。たとえば脱水気味の時は高め、逆に水をたくさん飲んだ時は低め。お風呂に入った後は体が水分を吸っていますし血流も増えるため低め。食事の後は消化器系に血液が集中し、体全体で見た水分比は下がるので高めの値が出ます。

つまり、実際の脂肪の量に変化はなくても、その時の体の状態によって表示される数値が変わることがあるわけです。だから、数値を見て体脂肪率が減った増えたと一喜一憂しないこと。体脂肪量・体脂肪率、そのデータを基に算出した筋肉量などの値も多少の**誤差はあることを受け入れたうえで、なるべく同じ時間帯、条件で計測することが大事**です。

ただ、誤差はあっても、トレーニングを続けていれば筋肉は確実につくし、体脂肪、体重も減っていきます。1か月続ければ誤差を超える差が出ますから、そこまでいけば、少しの誤差なんか気にならなくなります。

計測項目の数値はどれも筋トレ記録に書き込んでおくといいでしょう。それもトレーニングへのモチベーションを高めます。数値の中で多くの人が重視するのは体重と体脂肪率、BMIだと思います。ただ、体重と体脂肪率を減らしたり、BMI指数を25以上の「肥満」から18・5から25未満の「普通体重」へ、そして「痩せ型」の18・5未満へと下げればいいという考え方をするのは問題です。健康という観点から言えば、重要なのは筋肉量なのです。最近の日本のデータを見ると筋肉量が多い人の方が長生きしている。また、痩せた人より多少太り気味の人の方が長寿なのです。筋トレをやると筋肉がつき、太りにくくなりますが、急に体重が落ちるわけではありません。ボディビルダーは別として、普通レベルで筋トレをしている人は適度に脂肪もついています。ガッシリ体型の方が健康なのです。

あらゆる項目のデータを記録して、体の状態を把握したり筋トレの課題とするのはいいことですが、**最重要視すべきなのは筋肉量です。**

話題のＥＭＳに「劇的な効果」を望んではいけない

なお、体重計とは別に筋トレを行っている人の間で話題になっているテクノロジーがあります。ＥＭＳです。ＥＭＳとはElectrical Muscle Stimulationの略で筋電気刺激のこと。名称のとおり、筋肉に電気的な刺激を与えて収縮させることで鍛える器具。俗にいう腹筋ベルトです。

話題になっているのは、ＥＭＳは本当に筋肉を鍛える効果があるのか、という関心から。

実際のところはどうなのか？

結論から言えば、**確実に効果はあります**。ただ、一般の人がイメージする効果とは、少しニュアンスが違います。おそらく多くの人がイメージするのは、ＥＭＳを装着するだけで体脂肪が取れ、筋肉がつくというものでしょう。しかし、ＥＭＳだけで、そうした劇的な効果は望めません。

そもそも、ＥＭＳはラクをして筋肉を鍛える器具ではないのです。もともとは医療用器具。病気やケガで動けなくなった人が、ベッドで寝たきりでいると筋肉が衰えてしまいます。そこでEMSによって筋肉に電気的な刺激を与えて機能を維持させる、あるいはリハビリのために使うというものなのです。その効果が立証され、アスリートが故障した時に使うようになりましたし、宇宙飛行士が無重力の宇宙空間にいる時の筋肉維持としても使われています。だから、効果はあるのです。

ただし、ひとつ弱点があります。EMSの刺激は脳に作用しないことです。脳と筋肉は運動神経によってつながり、脳が指令を出すことで筋肉は動く。筋肉が受けた刺激は脳に伝わる。そうした相互作用によって強化されていくわけですが、EMSの刺激は筋肉に直接働きかけるものであって脳には関与しないのです。だから、**強化というより筋肉のポテンシャルの維持といった方がいいでしょう。**

ポテンシャルが維持できるということは、筋トレと併用すれば大きな効果が得られるということでもあります。一度でもつけてみると筋肉が刺激されていることはすぐわかります。80歳という史上最高齢でエベレストに登頂した三浦雄一郎さんは、その感覚に感激したようで使用頻度は相当高いそうです。といっても、もちろん三浦さんもハードなトレーニングを行ったうえでEMSを使っている。EMSのコマーシャルに出ているクリスティアーノ・ロナウドももちろん同じです。

三浦さんのケースを見ればわかりますが、60代で筋トレを始めた人にはEMSはいいと思います。筋トレで鍛えた筋肉のポテンシャルを維持し、次の筋トレにつなげることができるのですから。

なお、EMSはさまざまなタイプがありますが、選ぶ時は周波数をチェックしてください。**筋肉の収縮に近い20ヘルツのものが最も効果的**です。

日常生活の中でちょこまか動きまわるNEATを増やせ！

定年まで動かない生活をしていた人が筋トレを始める。自重トレとジムでのウェイトトレーニングを週3回行うことをお勧めしましたが、それを実践するだけで大前進。筋肉はつき体は絞られ、見違えるように心身ともに健康になっていくはずです。

ただ、それにプラスして行ってほしいことがあります。**NEAT《ニート》を増やすこと**です。

ニートというと、働かないで家でグータラすること、と思われるかもしれませんが、ここでいうＮＥＡＴはNon Exercise Activity Thermogenesisの頭文字をとったＮＥＡＴ。「非運動性熱産生」と訳される運動生理学用語で「意識的に行う運動ではなく日常生活での身体活動によるエネルギー消費」という意味です。

日常生活では誰もが、このＮＥＡＴを行っています。立つ、座る、歩く、何かを持ち上げる…、こうしたすべての行動でエネルギーを消費しているのです。人間の体はエネルギーの約60％を基礎代謝で消費しています。残りの40％を①食べ物を消化吸収して栄養にすること　②意識的に行う運動　③日常生活の行動　で消費していますが、なかでも昔と比べて圧倒的に少なくなったのが③の日常生活の行動によるエネルギー消費です。買い物はネットを使って宅配、ビルや駅での上り下りはエレベーターやエスカレーター、テレビやエアコンもリモコンで操作できる。世の中が便利になるのはいいことですが、その半面、筋肉は細くなり脂肪を必要以上につけた動けない体に多くの人が悩むようになったわけです。

「でも、運動に比べたら日常生活のエネルギー消費なんて大した量じゃないだろ」と思うかもしれません。が、そんなことはないのです。まさに「**塵も積もれば山となる**」で、起きている時間（約16時間）の生活活動を積分すれば非常に大きな運動量になります。たとえば速足で30分ウォーキングをした時の消費カロリーは約１００キロカロリー。一方、ＮＥＡＴによる１日の消費カロリーは動きの少ない人でも約３００キロカロリー、比較的動く人なら約８００キロカロリーになります。立ったり座ったりしているだけでも、頑張って30分ウォーキングをする何倍ものカロリーを消費することになるのです。

ＮＥＡＴのなかでも、エネルギー消費効果抜群と言えるのが**階段の上り下り**です。

日本のスポーツ競技を統括する日本体育協会の科学委員会が興味深い発表をしています。日常における消費カロリーを行動別に算出しているのです。階段の上り下りで消費するエネルギーは、体重１キロあたり１分間で上りが約０・１３５キロカロリー、下りが約０・０６６キロカロリーとなっています。つまり体重60キロの人が１分間階段を上ると約８キロカロリー、下りると約４キロカロリー、上り下りで約12キロカロリーのエネルギーを消費することになります。日常生活で鉄道を利用したり、ビルの上層階に行く用事がある人が、エレベーターやエスカレーターに乗らず、すべて階段を使ったら１

日トータルで5分ぐらいは上り下りをすることになるでしょう。それだけで60キロカロリーの消費になる。それを1年間続けたとしたら、約2万2000キロカロリー。3キロ以上の脂肪を代謝する量になるわけです。暴食をしないといった条件が前提になりますが、**エレベーターやエスカレーターを使わず、階段の上り下りを自分に課すだけで1年で3キロの減量ができる**ということです。

私はエレベーターやエスカレーターしかない場合を除き、階段を使うようにしています。こんなエピソードがあります。京都大学で教授をしていた時ですが、2階の研究室で仕事をしていた時、ある人に手紙を出す必要が生じました。私はせっかちというか目の前のことはすぐにやらなければ気が済まない性格で、早速手紙を書き階段を下りて事務室のポストに投函した。階段を上って研究室に戻ってしばらくすると、もう1通、手紙を送らなければならないことを思い出して同様に階段を下りて投函。戻ってきたら、また1通思い出してと、同じことを繰り返した。それを見ていた学生からは「前もって今日、何通手紙を出さなきゃいけないか考えておけば投函に行くのは1回で済むじゃないですか」と言われました。でも、私は笑ってスルー。そういう性格は直せるものではないし、私としてはそのおかげで階段の上り下りが3回もできた、運動になってよかったやないか、と思っているわけです。

まあ、こんなアホみたいなことをやれとは言いませんが、NEATを増やすというのは、**要はちょこまか動くということ**なのです。

日常のちょこまか運動は、かなりのカロリーを消費します。普段はデスクに向かうばかりの動かない生活をしていて週末だけジムで運動する人よりも、運動らしい運動はまったくしていないけれど、毎日ちょっと仕事をしては立ち上がり何かして戻る、数分たったら今度は外出、という人の方が1日平均のカロリー消費がずっと多くて体重も体脂肪が少ないことが多いのです。

人間の体というのは、同じ状態が3分以上続くと、システムが自動操縦状態になり、呼吸、心拍数、体温、ホルモン分泌など全身の状態が安定してしまうものです。安定しているのはいいと思われるでしょうが、実はこれは自律神経が働いていない状態。体を活性化させ脂肪の代謝を促すためには、安定よりも、頻繁に体のスイッチを切り替えることが大事なのです。**同じ状態をなるべく3分以上続けず**、座っていたら時々立ち上がる、10分ウォーキングをするなら、3分は速歩、3分はゆっくり、3分はまた速歩というように切り替える。強度を変えたり、動きを変えたりすることで自律神経を働かせた方がいいのです。まわりからは「落ち着きのないヤツだなあ」と思われるかもしれませんが。

3分ごとの切り替えは、さすがにできないと思いますが、なるべく同じ状態を続けず、動くことを心がける。また、便利になった生活に甘えて楽をせず、歩いて行ける距離だったらタクシーには乗らない、駅ではエスカレーターではなく階段を使う、という心構えを持つことが重要ということです。

トレーニングジムに通う途中の駅でエスカレーターに乗る人がいますが、私からすれば「なんて、もったいないことをしているんだろう」と思います。階段の上り下りはお金もかからないうえ、足腰の筋肉もしっかり鍛えられる。一段一段のカロリー消費は微々たるものですが、その積み重ねは実に大きいのです。

筋トレだけでなく、NEATを増やすことも心がけていただきたい！　そうすることで筋肉増強への効果は、よりアップすること請け合いです。

筋トレライフを始めたらこんな1日を送ろう

筋トレを始めたら、1日のタイムスケジュールも健康モードに切り替えたいものです。起床は早朝。季節によっても異なりますが、夜明けとともに起きるという習慣をつけたいところです。というより、筋トレを疲れるまでやれば夜は睡魔に襲われて早く寝ることになるので朝は早く起きてしまうわけです。また、ほんの100年前まで人は夜明けとともに起き、暗くなったら休むという生活を続けてきました。人間の体は本来、そうできており、なるべくそれに従った方が健康的なのです。

朝、太陽を浴びる効果もあります。太陽の光は脳と体を覚醒させるとともに体内時計をリセットしてくれる。1日のリズムをつくるのに絶好なのです。なお、目が覚めた時は睡眠中の汗などで体の水分が足りなくなっている状態。水をコップ1杯飲んだ方がいいです。朝の体は吸収がよく、すぐに血液が流れやすくなる。それが体を目覚めさせることにもつながるのです。

ただ、目が覚めた直後はちょこまか動かないように。起床時は睡眠中の副交感神経から活動時の交感神経に切り替わる時。しかも一気にではなく、徐々に切り替わっていきます。ここでバタバタすると自律神経の移行がスムーズに行われず、体のリズムが乱れることになってしまいます。

私の場合は、朝起きたら静的ストレッチで体をゆっくりと目覚めさせています。ベッドの上で15種類ぐらい。股関節、体側、胸筋、背筋、頭、背中、ハムストリング、大殿筋……と全身をストレッチする。伸ばすのはそれぞれ10秒くらいで、左右で20秒。ゆっくりやっても10分程度で終わります。この静的ストレッチを行っている間に交感神経に切り替わっていくし血液も全身に巡る。1日を気持ちよく始められます。

ストレッチの種類はいろいろやっているうちに、やりやすいもの、気持ちよくできるものに絞られました。そんな感じで自分なりのルーティンをつくればいいと思います。

ストレッチで体が目覚めたら、できればウォーキングをしたいところです。体は温まり活性化されていく。ややハードにジョギングをするなら、バナナなどを軽く食べてからの方がいいですね。

朝食は今日のエネルギー源となる炭水化物を中心にしっかり食べましょう。昼食も同じです。その他の過ごし方は私が関知できるものではありませんが、ちょこまか動くNEATを心がけてください。そして週3回、夕方に自重トレとジムでのウェイトトレーニング。そのエネルギー消費で空腹に襲われますから、夕食はおいしいはずです。

このような1日を過ごせば夜更かしはできません。早めの時間に眠気がやってくる。ただ、寝る前にも静的ストレッチをやっておくのがベター。筋肉の修復をストレッチをすることで助ける効果があるからです。

5章

実践編

いよいよ実践です。

焦らずのんびり、まず自分の現在の体力、筋力などを確かめながらはじめてみましょう。

今日からあなたの体は変わり始めます。

●まず腕立て伏せをしてみませんか？

ここからは森谷先生からバトンを引き継いで、ＮＳＣＡジャパンでストレングス＆コンディショニングコーチを務めている私、吉田直人が、定年前後の年代の方が筋トレを行うのに相応しい内容をアドバイスさせていただきます。

解説を始める前に、まず皆さんにやってみていただきたいのが「腕立て伏せ（プッシュアップ）」です。現在の自分の筋力が、どのくらいのものなのかを自覚するためです。

おそらく多くの方が、やってみて自分の筋力のなさに愕然とするのではないでしょうか。体重差があるので一概には言えませんが、10回程度できつくなってやめたくなると思います。とくに学生時代、運動部で活動していた方は先輩から「腕立て50回」などと言われても、こなしていたはずで、10回も続かない筋力の衰えにはショックを感じるのではないでしょうか。また、回数はなんとかこなせても、かなり反動をつけて体を上下させているのでは？　これから行う筋トレは反動をつけて行ってはいけません。192ページで腕立て伏せの方法を写真で解説していますが、正しいフォームで反動をつけずに腕立て伏せを行うと、初めての方は10回できないはずです。

腕立て伏せを行った翌日か翌々日には上腕部や大胸筋に軽い筋肉痛が出ると思います。ただ、自分の筋力の衰えにショックを覚えた方は筋肉痛が収まってきたところで、もう一度やってみる気になるでしょう。できればそのとき、スクワットやシットアップ（腹筋）も写真を参考に試してみてください。

ここからが筋トレのスタートです。とにかく始めてみて、軽い筋肉痛を乗り越えて、もう一度行う、という流れができればトレーニングは先に進んでいきます。モチベーションが継続できる方はトレーニングジムでフリーウェイトやマシントレーニングにチャレンジすることになるでしょう。

●「自重トレーニング」から始めよう

初めての筋トレは、まず自宅での自重トレから始めることをお勧めします。

ただ、自重トレにしても始める前のウォームアップは必要ですし、終えた後のクール

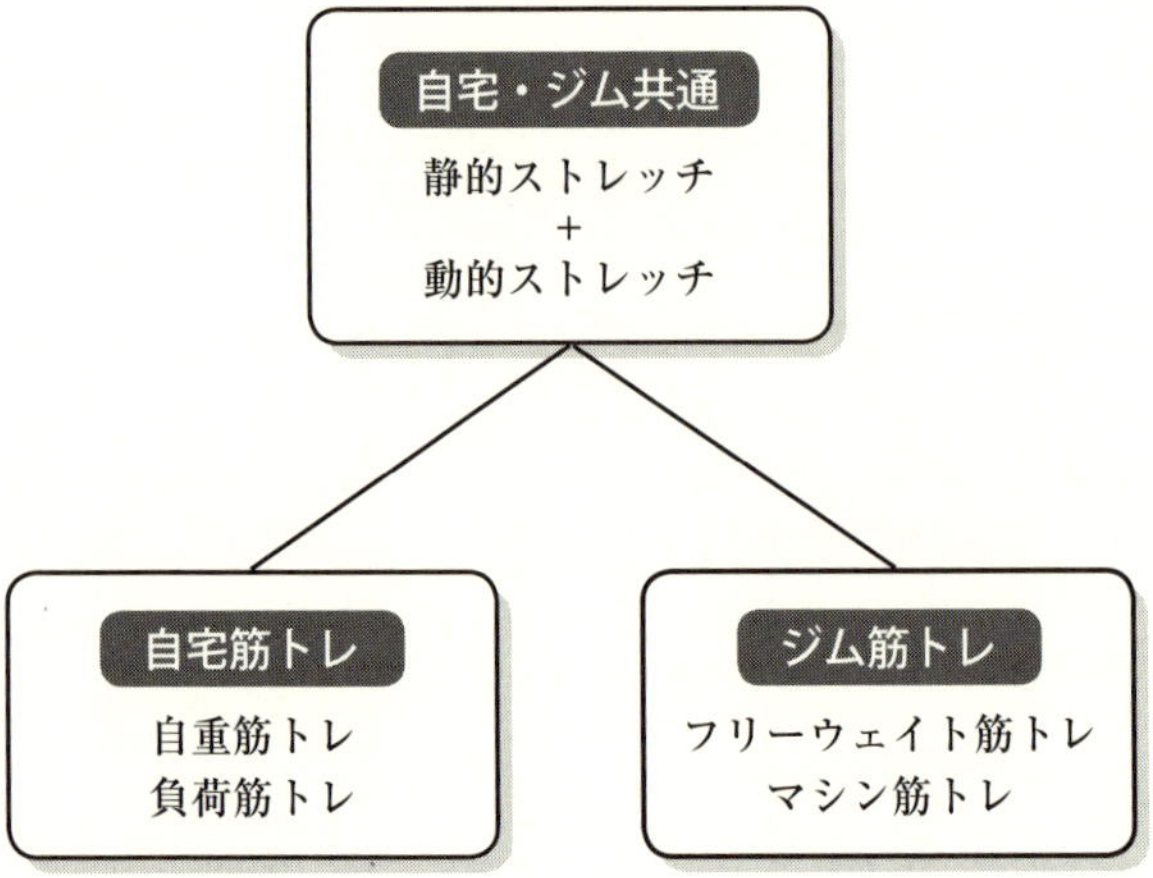

ダウンも不可欠です。そのためにも身につけておきたいのがストレッチ（ストレッチング）です。ストレッチは負荷をかけた筋肉をリラックスさせ超回復（筋肉の損傷が修復され、以前より強くなること）を促すために欠かせないものですし、就寝前や起床後にも有効です。筋トレの基本事項なので、最初に主なものを覚えてください。

　ストレッチには静的ストレッチと動的ストレッチの2種類があり、行うタイミングや効果が異なります。また、動的ストレッチには自重トレに近いものがあり、それをうまく組み合わせることで自重トレの効果もアップします。

A　初期段階　自宅での自重トレのみで週4回

月曜	休み
火曜	上半身の日　プッシュアップほか2種目
水曜	下半身の日　スクワットほか2種目
木曜	休み
金曜	上半身の日　プッシュアップほか2種目
土曜	下半身の日　スクワットほか2種目
日曜	休み

B　自宅での自重トレ＋ジムでのウェイトトレーニングで週3回

月曜	自宅での自重トレ　上半身の日
火曜	休み
水曜	ジムでのウェイトトレーニング　全身
木曜	休み
金曜	休み
土曜	自宅での自重トレ　下半身の日
日曜	休み

まず、この静的、動的ストレッチをひと通りやってみて、自分なりのメニューをつくり、筋肉の超回復を待つため1日の休みを入れます。このように1週間で3日のトレーニング日を決めて自重トレを行うところから始めるといいでしょう。

そして、その筋トレに体が慣れてきたら、ジムでのウェイトトレーニングに挑戦します。これも1週間に1日おきのペースで3回。一般的にはこの程度が60代以上の方の筋トレスケジュールとしては、ちょうどいいのではないかと思います。もちろん3日のうち1～2日を自宅での自重トレにしてもかまいません。

前ページにスケジュール例をAとBの2つあげておきます。Aは自宅で自重トレを始めた初期段階のものです。自重トレで全身を鍛えるメニューだと時間もかかりますし、気持ちの負担も大きくなるので上半身と下半身に分けて週4日行うメニューにしました。筋トレでは上半身と下半身を分割して鍛える方法をよく用います。上半身を鍛えた翌日に下半身なら、上半身の筋肉は十分休むことができ、負担も少ないと思います。その逆も同様だからです。

Bはそのトレーニングに慣れ、ジムトレーニングを始めた場合のスケジュールです。週に2日は自宅で自重トレ、1日はジムでのウェイトトレーニングというものです。ジムトレーニングは全身の筋肉に負荷を与えるハードなものになりがちなので、その後は休みを2日入れてあります。また、ジムを週の中ほどに入れたのは、平日の夕方はジムが比較的空いており、マイペースでのトレーニングを行いやすいためです。

自宅筋トレ・ジム筋トレ共通ストレッチプログラム

ウォームアップとクールダウンにストレッチを上手に取り入れましょう。目的に合わせて種目を選んでください！

●ストレッチの基本と注意ポイント

ストレッチは静的（スタティック）ストレッチと動的（ダイナミック）ストレッチの2つに分けられます。ラジオ体操は動的ストレッチに入ります。また、他の人にサポートしてもらって2人1組で行うパートナーストレッチという方法もあります。これらをすべて合わせると100種類以上になるでしょう。すべて覚えきれるものではありませんし、目的に応じて効果的なものを選んで行うべきです。

また、各部をすべて丹念にストレッチしようと思うと時間ばかりかかって大変です。ここでは筋トレの前後に、あるいは就寝前、起床後など日常的に取り入れるといい静的ストレッチ7種と動的ストレッチ6種を選びました。これだけなら全部やっても短時間で済みますし、十分な効果も見込めます。また、これだけでは足りないと感じたら、自分で必要と思われるストレッチを加えてみてください。

静的ストレッチの効果は筋肉や関節を伸ばすことで体に柔軟性を与える、筋肉の血行を促すことで疲労回復効果を向上させる、気持ちをリラックスさせる、などがあげられます。体を柔軟にしておくことは1日の活動を始める朝に効果がありますし、トレーニングの後の疲労回復、就寝前のリラックスにも効果的ということになります。

静的ストレッチを行う上での注意点は、

①反動をつけない
②ゆっくりと伸ばしていき、痛みを感じる前のところで止める
③止めたら、長すぎると感じるくらい（30秒ほど）伸ばし続ける
④息を吐きながら伸ばしていき、止めた後はゆっくりと呼吸を続ける
⑤リラックスした状態を保ちながら行う

静的ストレッチは、無理に伸ばそうとせず、気持ちよさを感じながら行うことが大事です。

一方、動的ストレッチは動きを入れて伸ばすため、血流がよくなり筋肉が温まって柔軟性が上がる、関節の可動域が広がる、といった効果があります。ウォームアップになるということです。筋肉が温まればケガのリスクも少なくなります。

動的ストレッチのポイントは

①筋肉を伸ばすことが目的なので、激しい刺激を与えてはいけない
②基本的に反動はつけない

の2点を忘れずに始めてください。

なお、一般的に筋トレの前には静的ストレッチは向かないと言われています。ゆっくりとストレッチすると筋肉が強い収縮を起こせずパフォーマンスが落ちる、気分がリラックスしてしまい、バーベルやマシンに向かう意欲が削がれてしまうといった理由からです。

確かにやり過ぎは逆効果になりますが、私は筋トレ前の流れとして、**軽い有酸素運動→静的ストレッチ→動的ストレッチを各5～10分ずつ行うように指導しています。**あえて静的ストレッチを入れるのは、筋肉を軽く伸ばして動ける状態にすることと、痛みや違和感がないかチェックするためです。それが目的なので通常の静的ストレッチより、伸ばす時間を短め（15秒以内）にし筋肉を伸ばし過ぎないようにします。その後動的ストレッチを行い、筋肉も気持ちも筋トレに入っていきやすい状態に持っていくわけです。60代で筋トレを始める方は、いきなり限界まで挑戦することも少ないでしょうし、こうした穏やかな準備の仕方でいいのではないでしょうか。

そして、筋トレの後のクールダウンでは必ず静的ストレッチを入念に行い、筋肉の血行をよくし、リラックスして休ませることを心がけてください。

静的ストレッチ1　股関節、内転筋

開脚でゆっくり伸ばす　30秒静止×２回

①
ヒザを伸ばして両足を開き、
つま先は真上に

②
背筋を伸ばし、
息を吐きながら
上体を前に倒していく

両足を開く時も上体を倒していく時も**「痛さを感じる直前のところまで」**ということを心がけてください。倒す時はゆっくりと。背筋を真っ直ぐにして胸を張った状態をキープするようにします。倒していく時に息を吐くと伸びやすくなります。伸ばして静止している時は息を止めないようにしましょう。ゆっくりと大きな呼吸を意識してください。

静的ストレッチ2　大殿筋、内転筋

片側ずつ伸ばす　30秒静止×左右1回ずつ

①
右足を内側に曲げ、
左足は後方に伸ばす

②
背筋を伸ばし、
上体を前に深く倒していく

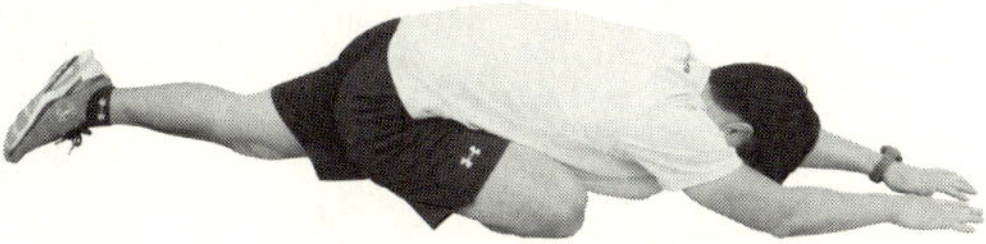

普段の動作ではあまり使うことのないお尻の筋肉・大殿筋を伸ばす効果があるストレッチです。上体を前にゆっくりと倒していき、大殿筋（写真では右側の）が伸びていることを確認しながらキープします。上体を正面に向け真っ直ぐ前に深く倒すことと、背筋を真っ直ぐにすることがポイントです。左右を1回ずつ行います。

静的ストレッチ3　大腿四頭筋

太ももの前面の筋肉を伸ばす　30秒静止×左右１回ずつ

①
横向きに寝て、上になっている
右足の甲を右手で持つ

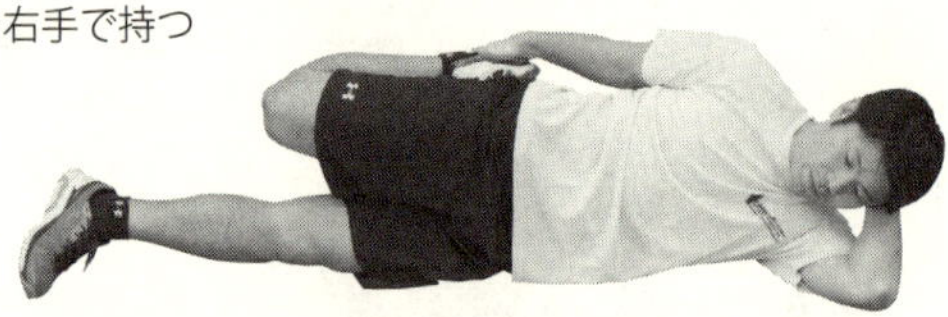

②
かかとをお尻に
つけるようにして伸ばす

　歩く際、ブレーキをかける動きに使われる大腿四頭筋を伸ばすストレッチです。かかとをお尻に近づけるだけでも太ももの前面は十分伸びるので、無理にお尻につける必要はありません。また、その時、ヒザを後ろに引くことを意識すると、さらに効果的です。左右1回ずつ行います。

静的ストレッチ4　腰部

大腰筋など腰の筋肉を伸ばす　30秒静止×左右１回ずつ

仰向けの状態から体をひねるようにして右ヒザを左側にもっていき、右ヒザを左手で下に押さえる感じで伸ばす。右肩も床から浮かさない

手でヒザを下に押さえるようにすることで、お尻から腰にかけての筋肉を伸ばしますが、力を入れて押す必要はありません。顔はひねっている方向と反対側を向くことと、反対側の肩も床から浮かさないことを意識すれば腰全体が伸びていきます。左右1回ずつ行います。

静的ストレッチ5 肩

肩にある三角筋を伸ばす

30秒静止×左右１回ずつ

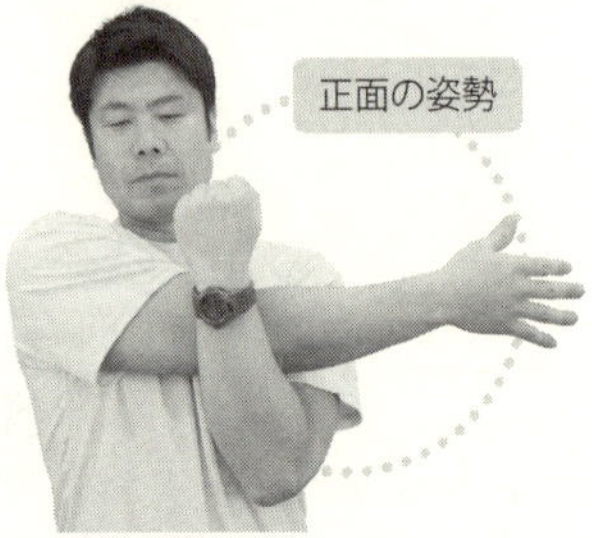

右腕を左方向に真っ直ぐ伸ばし、ヒジの部分を左腕で手前に引き寄せていく

NG

腕を引き寄せる時、体をひねると肩が伸びません

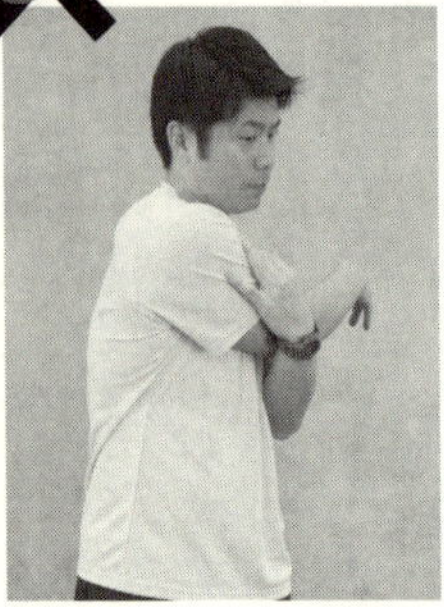

物を持ち上げるときに働く肩の三角筋を伸ばすので、筋トレの後には必ず行いたいストレッチです。**伸ばす側の腕はヒジを曲げず、真っ直ぐにキープする**ことが大事です。左右1回ずつ行います。

静的ストレッチ6　上腕三頭筋

二の腕の裏側の筋肉を伸ばす　30秒静止×左右１回ずつ

右腕のヒジを曲げて手を背中に置き、左手で右ヒジを頭に引き寄せて、そのまま後ろに引っ張るようにする

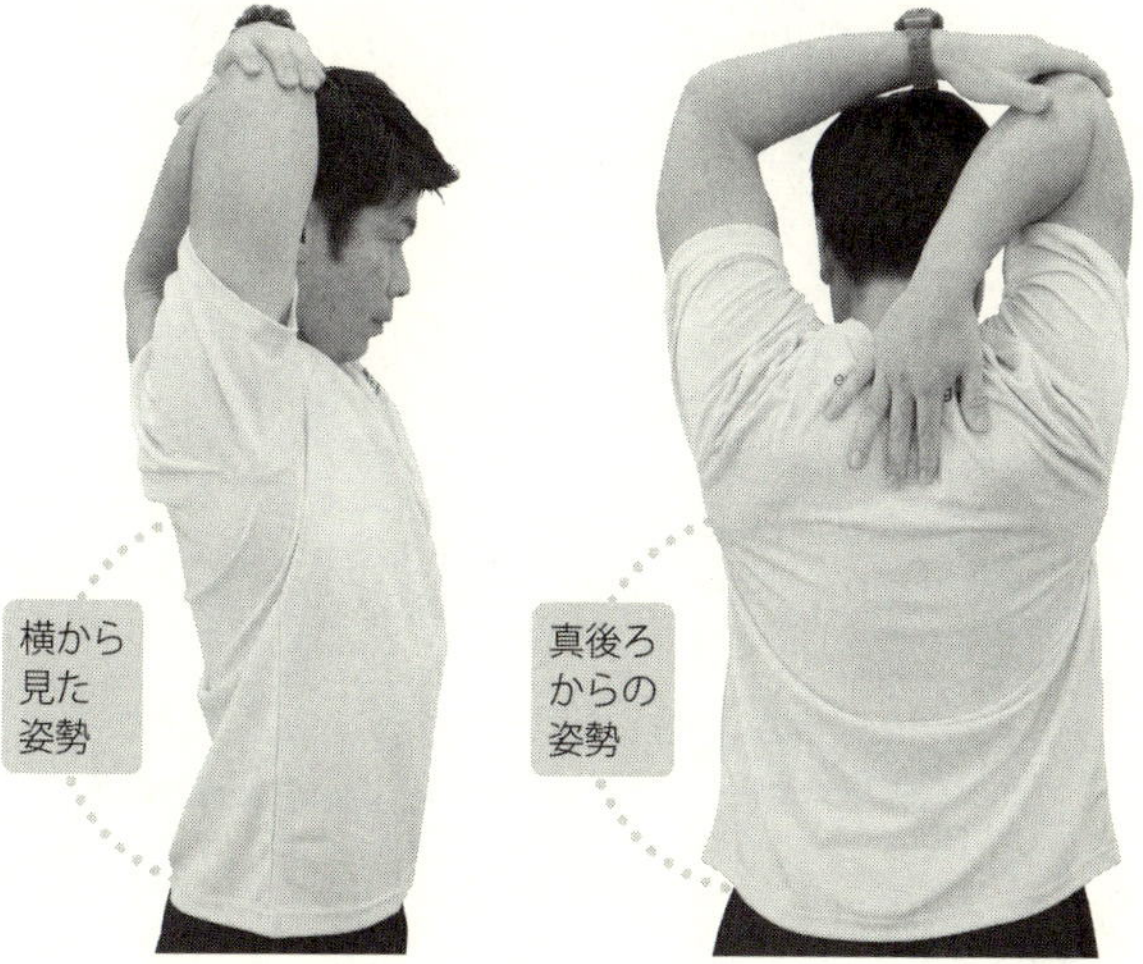

ヒジを伸ばす働きをし、何かを押す動作をする時に力を発揮する上腕三頭筋を伸ばします。うまく伸ばすポイントは**手で背骨を触り、反対側の手でヒジを後ろに引っ張る**ようにすることです。顔は正面を向いたまま。力コブの反対側を伸ばす意識で、左右1回ずつ行います。

静的ストレッチ7 大胸筋

胸と肩の筋肉を伸ばす 30秒静止×２回

両手を後ろで組み、手を上に上げていく

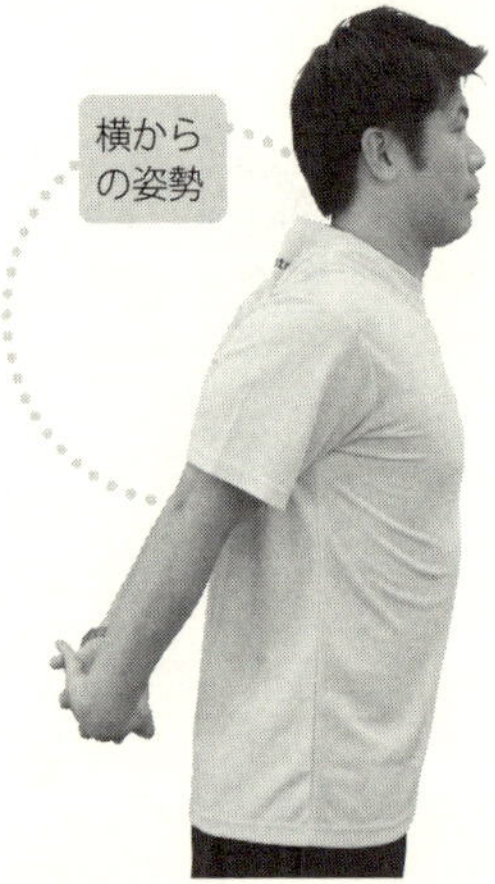

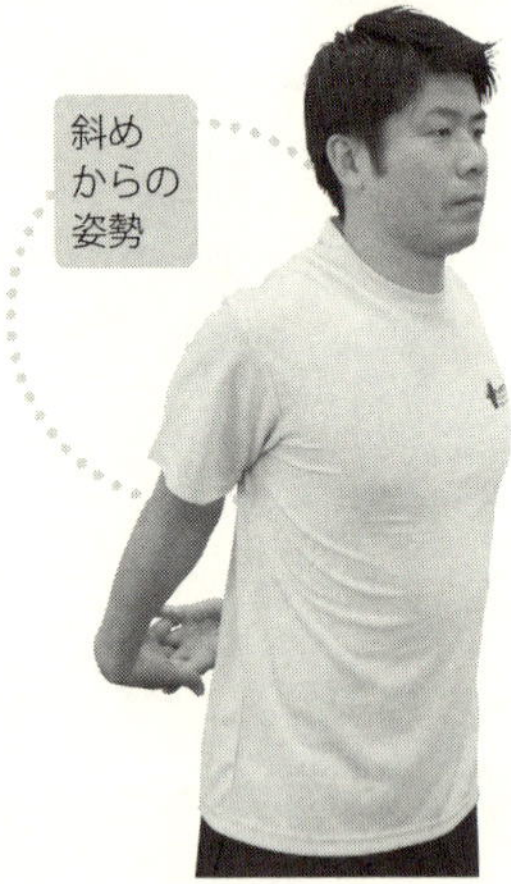

NG 猫背になると伸びないので、胸を張ることを意識してください

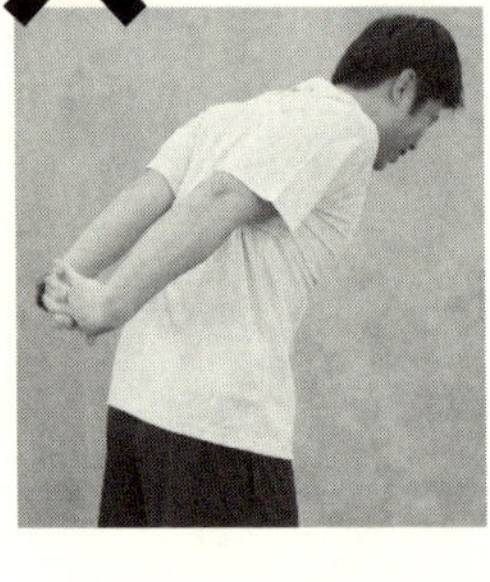

腕を真っ直ぐにして、手を後方斜め上に上げていく感覚で行うと、よく伸ばすことができます。大胸筋が働くベンチプレスやプッシュアップの後には必ず行ってください。

動的ストレッチ１　大殿筋

大殿筋を伸ばすと同時に
バランス力アップ

左右交互に
１回ずつ、計10回

直立した状態から右足を上げ、両手で足を上に引き上げ、２秒静止

背骨を真っ直ぐにキープして、スネを手で上に引き上げるのがポイントです。引き上げた状態で２秒ほどキープします。大殿筋を伸ばす効果がありますが、片足立ちでバランスをとる必要があるため、バランス向上のトレーニングにもなります。左右交互に１回ずつ計10回行います。

動的ストレッチ2 大腿四頭筋

太ももの前面の筋肉を伸ばす

左右交互に5秒静止を
1回ずつ、計6回

右足の甲を右手で持ち、
かかとをお尻につけるようにして5秒静止

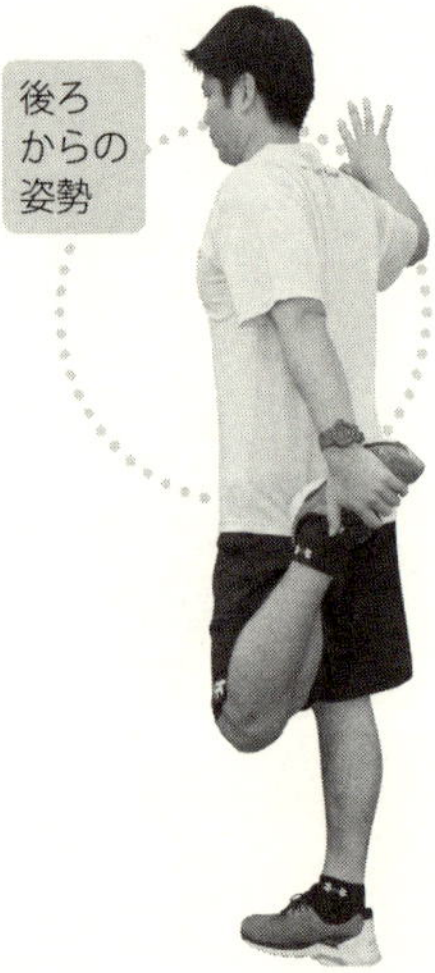

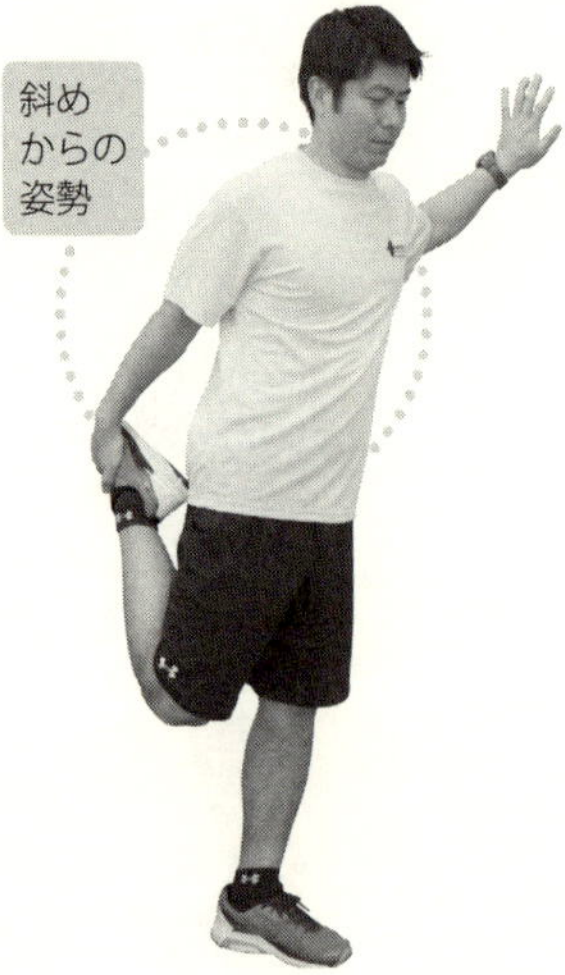

かかとをお尻につけた状態で5秒静止します。太ももの前面が伸びていることを意識してください。直立状態で行ってもいいですが、足の甲を持つ時にバランスを崩しやすいので、壁などに手をついて体を安定させて行ったほうが安全でしょう。1回ずつ、左右交互に行います。

動的ストレッチ3　ハムストリングス

つま先タッチで
太ももの裏を伸ばす

左右１回ずつ、計10回
（10歩前に進む）

①
一足分、右足を前に出して体を前に倒していく

②
指先がつま先にふれたら１秒静止する。つぎに左足を前に出し、同じようにつづける

背筋は真っ直ぐに伸ばした状態をキープします。1歩ずつ前に進む動きが血流をよくし、ウォームアップになります。ハムストリングスは重要な筋肉なので必ず筋トレ前に行いたいストレッチです。

動的ストレッチ4　下半身の筋肉

大腰筋など下半身の筋肉を効率よく伸ばす

左右交互に計10回

①
真っ直ぐ立つ

②
右足を前に踏み出し、ヒザの角度が90度になるまで体重をかけて１秒キープ

③
右足で床をキックして元の体勢に戻る

ヒザは真っ直ぐ出す。内股やがに股はNG。ヒザがつま先より前に出てもいけない

下半身に体重がかかるため、ストレッチ効果だけでなく軽い筋トレになります。筋トレ前のウォームアップに最適です。大腰筋、大腿四頭筋など下半身の多くの筋肉を効率よく刺激できます。

動的ストレッチ5　肩甲骨周辺の筋肉

腕を大きくまわし、肩甲骨周辺や肩の筋肉の柔軟性を高める

外まわし、内まわしを1回ずつ交互に計10回

①
両腕を体の前でクロスさせた状態からスタート

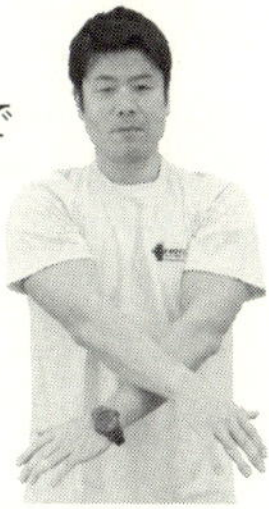

②
腕をそのまま上に上げて大きく円を描くようにまわす

③
両腕が開いた時は左右に大きく伸びる意識で

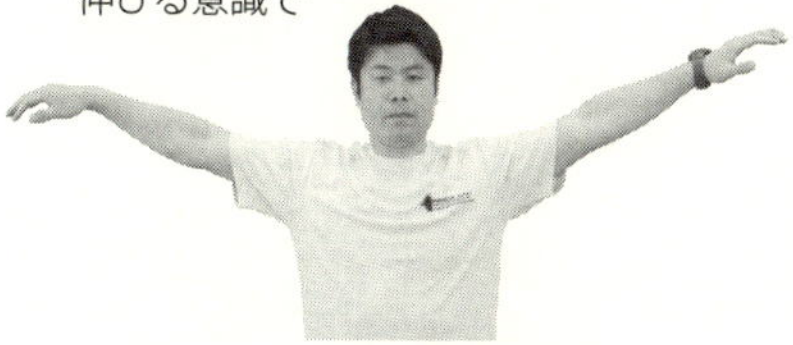

④
腕が下に下りたらリラックスし、すぐに逆回転を開始

肩甲骨を意識して腕をより大きくまわすようにすることが、肩や肩甲骨周辺の筋肉を伸ばすことにつながります。この部分の血行をよくし柔軟にしておくことは筋トレの動作に役立ち筋肉の力も引き出しやすくするので、準備として必ずやっておきたいストレッチです。

動的ストレッチ6 大胸筋

腕を広げ胸を張ることで大胸筋を伸ばす ゆっくりと10回

①
体の前で両腕をクロスした状態からスタート

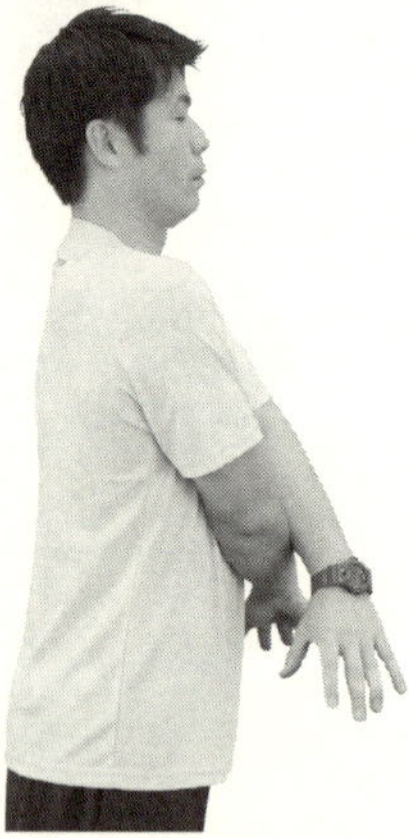

②
両腕を左右に大きく開いていきながら、手のひらを上向きにして胸を張る

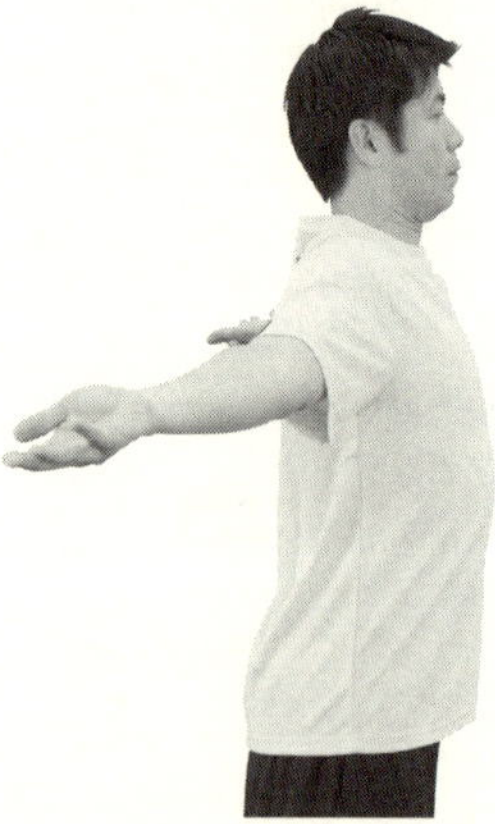

大胸筋や肩、上腕部の筋肉を伸ばし動きをスムーズにさせるので、筋トレを行う前の準備として最適です。肩甲骨がしっかりと動くように意識することと、両腕を広げた時に手のひらを上に向けることがポイントです。これを最後にやって筋トレに向かうのをルーティンにするのもお勧めです。

自宅用・筋トレプログラム

筋トレは何ひとつ道具を使わなくても自宅で始められます。長く運動をしてこなかった方はまず自宅から！　物足りなくなった、やっぱりひとりでは張り合いがないと感じたらジムも併用してみましょう。

●「筋トレの日」を決めてしまうと続けやすい

自宅筋トレのいいところは、お金がかからず、いつでも気軽に行うことができる点です。ただ、その利点が逆に作用してしまうことがあります。トレーニングをやるか、やらないかは自分の意思に委ねられます。自宅で行う自重トレにしても、ある程度のきつさが伴いますから、体調が悪い時や今ひとつ気分が乗らない時などは「今日はやめておこう」となってしまいがちです。それが2～3度続くと筋トレを始めた時の熱を失い、結局挫折してしまうことがあるのです。

しかし、その壁を乗り越える方法がいくつかあります。

ひとつは前もって筋トレをする日を決めておくことです。前述したように筋トレは、筋肉を休ませる時間をとって1日おきくらいに行ったほうがいいでしょう。それを1週間に当てはめると3回となり、自分の生活サイクルに合わせて、たとえば火曜、木曜、日曜は筋トレの日と決めてしまうのです。そしてカレンダーや手帳のスケジュール欄の該当する日に筋トレをする日を示す「ト」などの印をつけておくのです。何も決めずに

「空いた時間があったら筋トレをやろう」などと考えていると、ついなまけ心も起きますが、人間は不思議なもので予定を決めているとやる気が起きるもの。また、筋トレの日に何かの都合でできなかった場合は翌日に行うというルールをつくっておきましょう。こうすることが筋トレの継続につながります。

●シューズ、音楽、グッズなどで飽きない工夫を

気持ちのスイッチを入れる工夫も大事です。一例をあげるとシューズ。ジムトレーニングではシューズをはきますが、自宅トレーニングでもシューズをはくようにしましょう。シューズをはいて靴ひもを締めると「さあ、やるぞ！」という気持ちのスイッチが入るわけです。ただ、マンションなどの集合住宅にお住まいの方はシューズでランジなどの筋トレを行うと階下に響くことがあるので注意が必要です。

また音楽をスイッチにするのもいいでしょう。筋トレの時間になったら、映画『ロッキー』のテーマのような、聴くとアドレナリンが出る曲をかけるようにすると、気持ち

にスイッチが入るはずです。ワイヤレスのヘッドフォンやイヤフォンを使うのもいいと思います。

筋トレのルーティンを決めておいてもいいでしょう。筋トレの前にはウォームアップ、後にはクールダウンが必要ですが、始める前に時間をかけてストレッチをするのはとくに億劫なもの。手早くウォームアップを済ませるために動的ストレッチを3〜4種選んで効率的に体を温める方法をつかんでおけば、スムーズに筋トレに入っていけると思います。

行う種目はワンパターンではなく、日によって変化をつけることも大事です。自宅でできる自重トレというと、まず頭に浮かぶのがプッシュアップ、スクワット、シットアップです。どれも自重トレの基本であり、この3種を行えば主要な筋肉を効率よく鍛えられます。しかし、こればかりを行っていると飽きてくることもあります。したがって、時にはスクワットを同じ下半身が鍛えられるフォワードランジに変えてみる、腹筋を強化するのでも、シットアップではなくレッグツイストにする、また、基本3種を行う時もダンベルなどで負荷をかけるといった変化をつけることで、新鮮な気持ちで自宅筋トレに臨むことができます。

この後のページで基本的な3種（自宅筋トレ1～3）と、4種の自重トレ（自宅筋トレ4～7）を解説しますので、参考にして組み合わせを変えながら行ってみてください。

自宅でのトレーニングは自由にいろいろなトレーニングができるのも大きなメリットです。スポーツショップやホームセンターには、さまざまなエクササイズツールがあります。ダンベル、ストレングスバンド、バランスボール、ストレッチポールなどです。こうしたツールを取り入れることでトレーニングに変化がつきます。ダンベルは自重トレに負荷を加えることができますし、ストレングスバンドやバランスボールも使い方を工夫することで自重トレとは異なる筋肉が鍛えられます。こうしたツールは基本的な使用方法を覚え自分なりに工夫を加える必要はありますが、そうした好奇心を持ってトレーニングを行うことはマンネリを防ぐことにもなるでしょう。このように自宅筋トレは楽しむことが、継続にもつながるのです。

自宅筋トレ1　全身の筋肉（腕立て伏せ）

プッシュアップは
手軽な全身筋トレ

10〜12回×２〜３セット
（インターバル20〜30秒）

①
両手を体よりやや広めにし、
体を支える

②
背筋を伸ばし、体を真っ直ぐにキープして
体を下げる、上げる、を反復する

プッシュアップでは体重の約70％が両腕に負荷としてかかると言われており、上腕、肩、胸の筋肉はもちろん、バランスをとるため全身の筋肉が鍛えられます。手軽にいつでもできる最強の筋トレと言えるでしょう。しかし効率よく行うにはかなりのテクニックを必要とするため、写真と解説を見て、最適なやり方を習得してください。

NG 指先が肩のラインより前に出ている

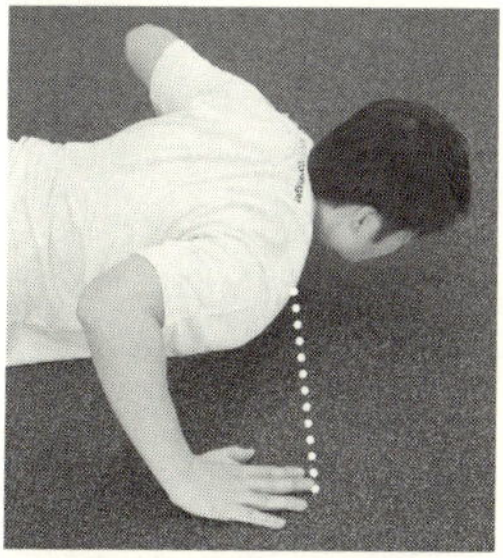

GOOD 手を置く位置は肩よりも手ひとつ分後ろがベスト

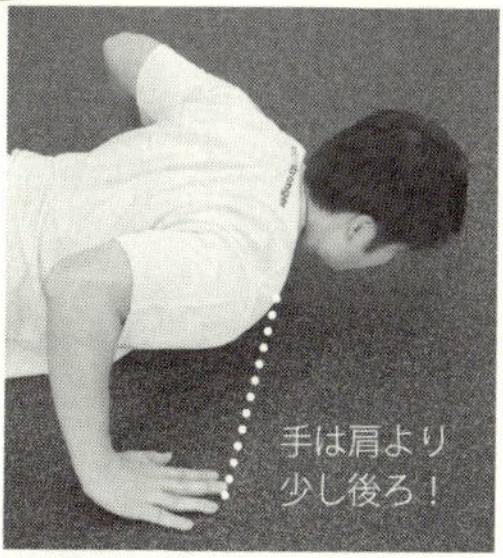

NG 腰が落ちてしまっている

NG 腰がつき出した状態では筋肉にしっかりと負荷がかからない

自宅筋トレ2　下半身の筋肉

スクワットで下半身の筋肉を効率よく鍛える

10〜12回×２〜３セット
（インターバル20〜30秒）

①
両足は
肩幅に
開いて立つ

NG
腰を落とした時、ヒザがつま先より前に出たり、背中が曲がるのはNG

②
背筋が真っ直ぐになっていることを意識して、体を下ろしていき、上げていくのを繰り返す

真横からの姿勢

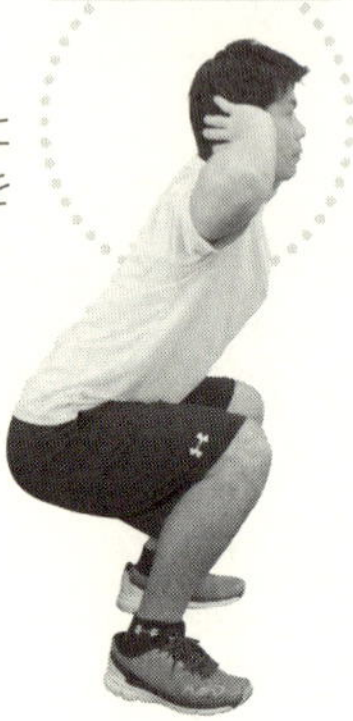

正面からの姿勢

ダンベルで負荷を加えたスクワット

①
自重でのスクワットが楽に出来るようになったら、負荷をかけてみる。ダンベルは体の中心で持つ

②
左と同じように行う。ダンベルは水を入れたペットボトルなどでも代用可能

大腿四頭筋、大殿筋、ハムストリングス、ふくらはぎの筋肉などを効率よく鍛えられるのがスクワット。筋肉にしっかりと負荷をかけるため反動をつけないようにしてください。**腰を落とした時、一瞬止めるようにすると反動はつきません。**両手は頭の後ろでも、胸の前でクロスさせても、前に伸ばしても、やりやすい位置でOK。

自宅筋トレ3 腹筋

ニータッチシットアップで
腹直筋などを鍛える

10〜15回×２〜３セット

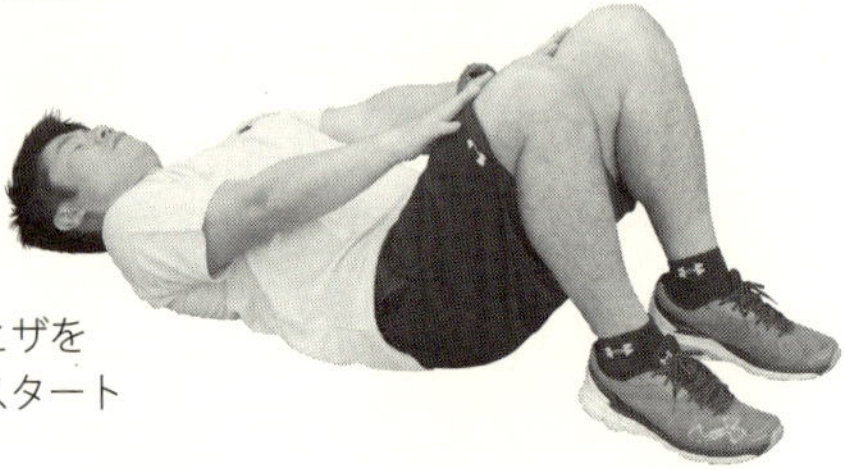

①
仰向けに寝て、ヒザを立てる体勢からスタート

②
太ももに置いた手を滑らせて、ヒザに触るところまで上体を起こしていく。これを反復する

腹筋強化には、さまざまな方法がありますが、なかでもしっかりと腹筋に負荷をかけられるのが、太もものところに置いた手を滑らせてヒザを触るところまで上体を上げるニータッチシットアップです。手を頭の後ろで組むシットアップは反動がつきやすい欠点があります。もちろんシットアップでも効果はありますが、ニータッチシットアップ

ダンベルで負荷をかけたカールアップ

10〜15回×２〜３セット

①
小さめのダンベルを両手で
胸の位置で持つ

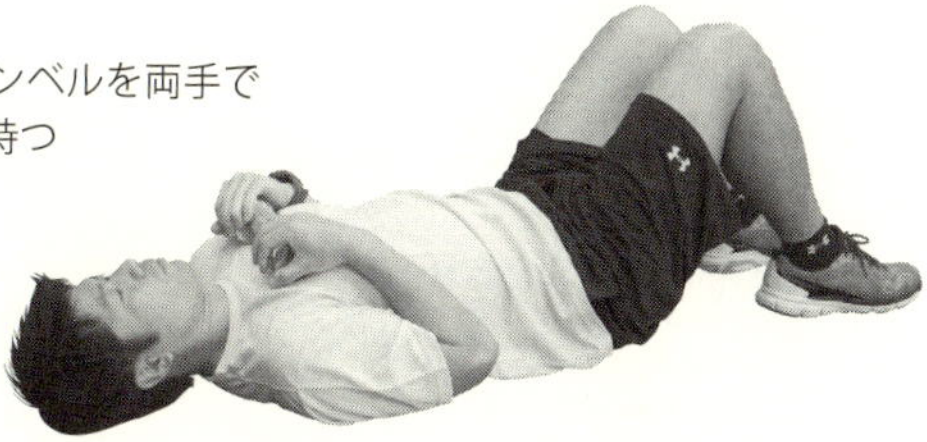

②
ニータッチシットアップと同様、反動をつけずにゆっくりと上体を上げて下ろす

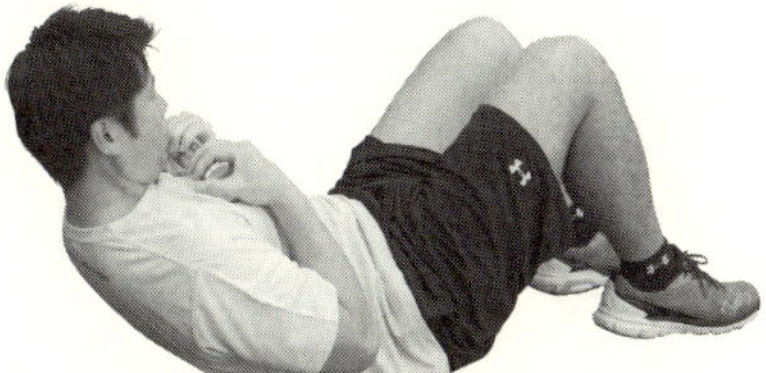

はゆっくりした動作で反動がつきにくいため相当きつく、**少ない回数で腹筋が強化できるのです。**息は上体を上げていく時に吐き、下げていく時に吸います。ゆっくりしたリズムでこの呼吸ができるよう練習してください。

ダンベルで負荷をかけるカールアップも同じ要領で行います。

自宅筋トレ4 下半身の筋肉

スクワットよりバランスが鍛えられるフォワードランジ

左右10〜12回ずつ× 3 セット

①
ダンベルを持って
まっすぐ立つ

②
右足を前に踏み出
し真下に股関節を
下げる

③
踏み出した右足で
床をキックして元
の位置に戻る

ランジではスクワットと同様の下半身の筋肉が鍛えられますが、片足を前に踏み出す動作をするため、**バランスも強化されます**。腰を沈ませた時のヒザは90度でヒザがつま先よりも前に出ないようにすることと、後ろの足のかかとを上げることがポイントです。初めて行う場合はダンベルなしで姿勢を身につけてからにしましょう。

自宅筋トレ5　上腕三頭筋

自重によるトライセップスエクステンション　10〜12回×2〜3セット

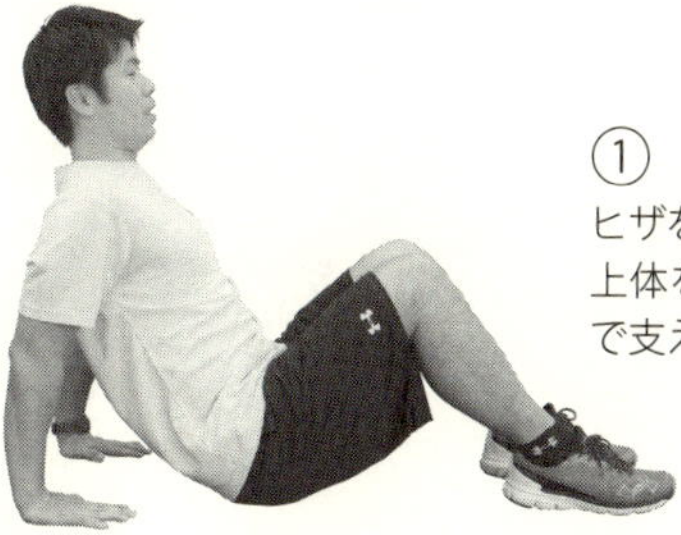

①
ヒザを曲げて腰を下ろし、上体を後ろに倒して両腕で支える

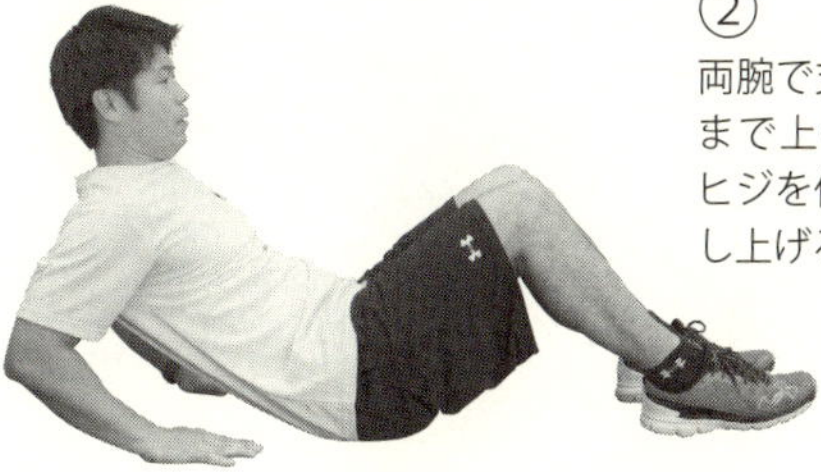

②
両腕で支え切れるところまで上体を倒していき、ヒジを伸ばして上体を押し上げる

トライセップスエクステンションは上腕三頭筋を鍛える筋トレです。さまざまな方法がありますが、自重トレではこのやり方がいいでしょう。上体が下がるところまでヒジを曲げ、ヒジを伸ばして押し上げます。**肩をすくめないようにするのがポイント**です。胸を張り、アゴを引くことで、よいフォームになります。

自宅筋トレ6　大殿筋、腰部の筋肉

ヒップリフトで大臀筋や体幹を鍛える

10〜15回×
2〜3セット

①
ヒザを曲げて足を腰幅に開き、
仰向けに寝る体勢からスタート

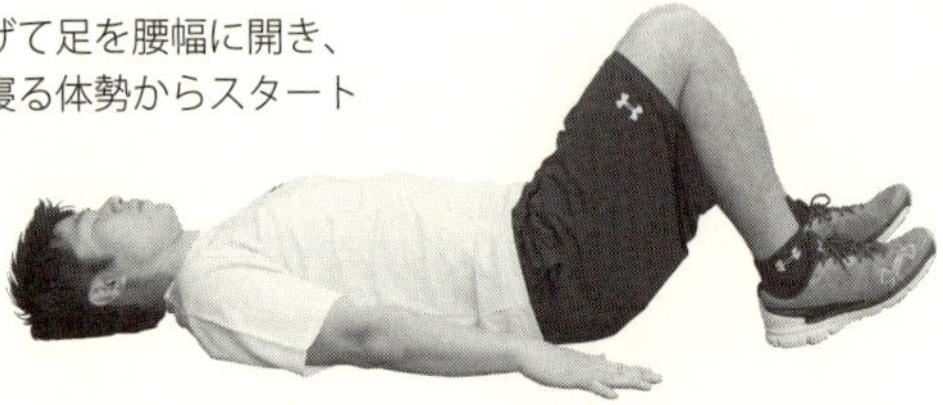

②
つま先を上げ、かかとで下半身を
支えるようにして、
腰を上げていく

ヒップリフトは大殿筋や腰の筋肉の強化が目的の筋トレですが、同時に体幹の筋肉も鍛えられます。効果を高めるポイントは、腰を上げていく際、**つま先を上げかかとで下半身を支えるようにする**ことです。このほうがお尻に力が入りやすいからです。また、肩からヒザが一直線になっているかチェックしてください。ヒザが開いたり、閉

ダンベルで負荷をかけたヒップリフト

①
写真の位置でダンベルなどを持つ

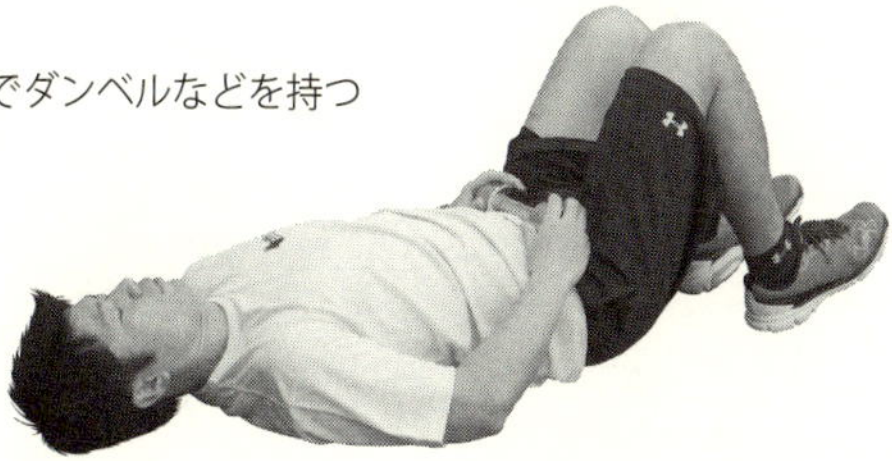

②
ゆっくりと腰を上げていく

じたりしていると、大殿筋にしっかりと負荷がかかりません。

　自重でのヒップリフトに慣れてきたらダンベルを腰の位置で持ち、負荷をかけて行うことも試してみてください。また、片足を伸ばして浮かしたまま行う方法も負荷を大きくするのに有効です。

自宅筋トレ7　腹直筋、腹斜筋

**レッグツイストで腹直筋だけでなく
脇腹の腹斜筋も鍛える**

左右交互に計10〜12回
×2〜3セット

①
仰向けになり両腕を左右に広げて体を支え、両足を揃えて真上に上げる。ヒザは軽く曲げる

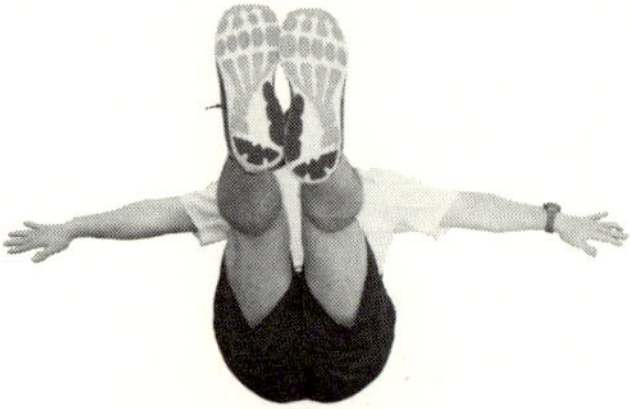

②
両肩が床から離れないよう意識して、両足を右に倒していく

③
中央に戻して左に倒す

シットアップは主にお腹の中央にある腹直筋が鍛えられますが、レッグツイストは同時に脇腹の腹斜筋も強化できます。ヒザを伸ばして行うと負荷がかかりすぎるので、軽く曲げたほうがいいでしょう。肩を床にしっかりとつけ背筋を真っ直ぐにしたまま行うのが効果を上げるポイントです。

ジム用・筋トレプログラム

ジム通いを楽しく長く続けるためには、コミュニケーション力も大切！　初期はパーソナルトレーナーにしっかり指導を受け、慣れてきたら自然にできる仲間たちと和気あいあいで！

●フォームと呼吸、基本は最初に身につけよう

ジムでの筋トレで最大の注意ポイントは「正しいフォームを身につけること」です。正しいフォームをしっかりと身につけてから行わないと事故やケガの危険がありますし、筋トレの効果も出ないものです。ジムに入会した当初はトレーナーに教えを乞い、バーベルやマシンの扱い方はもとより正しいフォームを体が覚えるまで、トレーナーとのマンツーマンで反復練習をしてください。本書でも主な筋トレの方法を解説していますが、写真と文字で理解したつもりになるのと、実際にバーベルを持って上げるのでは全然違います。生半可な知識で行ってはいけないのが筋トレなのです。

ただ、ジムに行く前に頭に入れておきたい基本知識はあります。

まず呼吸の仕方。**力を入れる時に吐き、元の位置に戻す時に吸います**。決して息は止めないということです。筋トレに慣れていない人は力を入れる時、つまり重いものを持ち上げる時などについ息を止めてしまいますが、そうすると肺の中に空気がたまった状態が続き、その内圧で血圧が急上昇するのです。それは体にとって決してよい状態では

ありません。このコツをあらかじめ自宅での自重トレで身につけておいてください。スクワットであれば、息を吸いながら体を下ろしていき吐きながら上げる。プッシュアップの場合は腕を曲げて体を下ろす時に吸い、体を上げる時に吐く、です。「吐く」ほうを意識すれば、「吸う」は意識しなくても自然に空気が肺に入っていきます。

次にバーベルの持ち方は、親指をかけてしっかりと握るのが基本です。親指をかけないと落としてしまう危険があります。もちろんトレーナーにフォームを教わる際、それができていなければ必ず指導されるはずですが、あらかじめ覚えておいてください。

●周囲のベテランを意識し過ぎない！

それと、もうひとつ重要なことがあります。「他人の目を意識しすぎないこと」です。

ジムでのトレーニングと自宅での自重トレとの最も大きな違いは、他人の目があることです。ジムに行くと、ベテランが相当の重量をガンガン上げていたりします。それにひきかえ自分は軽い負荷で基本のフォームの練習をしている、と思うと、なんとなく下に見られている気になって無理をしてしまいがちです。とくに、昔運動部で鳴らした人は負けず嫌いで、その傾向が強くなりがちです。逆に運動経験がない人は劣等感を感じて「自分には場違いな場所」と感じてしまうこともあるかもしれません。

しかし、そもそもジムの常連は自分のトレーニングに集中しており、他人のことなんかまったく気にしていません。また、もしこちらをチラッと見たとしても、自分が通ってきた道であり初心者を下に見ることなどありません。ですから、決して無理をせず、負担の少ないウェイトで正しいフォームを覚えることから始め、着実にレベルアップを図るようにしてください。

負荷はトレーナーが設定してくれるはずです。シャフトの左右に重り（ウェイトプレート）をつけるタイプのフリーウェイトなら、おそらく最初はシャフトだけ（20キロ）から始めることになるでしょう。20キロのシャフトを扱っているジムは多く、ウェイトプレートをつけないところから始めることになるわけです。

20キロは普通の体力がある人なら、そう無理なく上げられる重量です。自重トレの腕立て伏せは体重の約70％が両腕にかかると言われています。体重60キロの人なら、1回で約40キロを上げていることになり、20キロのシャフトは問題なく上がるのです。女性でも最初から20キロ上がる人はたくさんいます。20キロが難しい場合でも、ジムには別の器具がいろいろありますからまったく心配ありません。

まず、20キロで正しいフォームを身につけ、最初のうちは10回を2セット行う程度でいいのではないでしょうか。筋トレは3セットが基本と言われていますが、慣れるまでは2セットでかまいません。そして20キロを10回2セットが楽にできるようになったら、負荷を上げていく。通常、ウェイトプレートの最小単位は1・25キロですから、両方につけて2・5キロ。トータル22・5キロの10回2セットにし、次は2・5キロのプレートを左右につけて、トータル25キロの10回2セットというように徐々に上げていきましょう。

●重いものを上げることより「自分の目的」を明確にする

なお、軽い負荷で正しいフォームを身につけるとともに、トレーニングの目標をはっきりと決めておくことも忘れないでください。向上させたいのは①**筋持久力**なのか、②**筋量**なのか、③**筋力**なのか、ということです。ウエイトリフティングの試合に出たい人は③がメインで、ボディビル大会を目指す人は②がメインということですが、**「定年筋トレ」の読者なら、①と②でしょう。**「重いものを持ち上げる」ことだけを目的にしてもあまり意味はありません。もちろん、②を目的にトレーニングしても、結果的には初期より重いウェイトが上がるようになり、もちろん「見栄え」もよくなります。

●フリーウェイトかマシンかはトレーナーと相談を

次に主に行うエクササイズを選択しましょう。フリーウェイト（バーベル・ダンベル）かマシンかの2択です。フリーウェイトのメリットは①姿勢の保持を促す②動きをコントロールできる、③バランスをとる効果など。デメリットは①動きが難しい②負荷の調整（ウェイトの取り換え）に手間がかかるなどです。一方、マシンのメリットは①安定した姿勢がつくりやすい②バランスがとりやすい③危険が少ない④負荷の調整が簡単など。デメリットは①日常やスポーツの動作に転換しづらい　②バランス能力が向上しづらいなどです。

両方のメリット、デメリットを考え、トレーナーにも相談して、今行うべきエクササイズを選んでください。

なお、初心者は下半身と上半身を交互に行うといいでしょう。例をあげれば、スクワット→チェストプレス→レッグカール→ラットプルダウン…といった順番です。

また、目的に応じて負荷の大きさ、回数、セット数、インターバル（休息時間）も設定していきます。

●最初は少し費用がかかってもパーソナルトレーナーを

ただ、ジムトレーニングの初心者が、トレーナーのサポートを受けるにせよ自分の考えで適切なトレーニングプログラムを組むのは難しいものです。なるべく、トレーニングが軌道に乗るまでしばらくは自分専属のパーソナルトレーナーをつけることをお勧めします。

パーソナルトレーナーは健康に関する専門知識を持ち、トレーニングを始める前に医学的危険因子や生活習慣のチェックなどを行います。また、目標を聞いたうえで、それを達成に導くための安全で効果的なトレーニングプログラムを作成し指導に当たります。

また、パーソナルトレーナーにはさまざまなタイプがいます。同年代のベテランなら、こちらの体力を理解してくれるでしょうし、若手に引っ張ってもらうほうがいいという人もいるでしょう。相性の合うトレーナーと出合えば、ジムに通うこと自体が楽しくなります。

なお、パーソナルトレーナーをつけるにはジムの会費とは別に、料金がかかります。長期パッケージ料金の有無、料金に含まれるサービス内容、1回のトレーニングセッションの費用対効果などを確認して契約書を交わし（トラブルを回避するため書面に残す）、トレーニングを始めるようにしてください。

入会前、ジムに見学に行ったときなどに、パーソナルトレーナーについても聞いてみるといいと思います。ジム専属のトレーナーもいるはずですし、提携しているトレーナーで相性の良さそうな人を紹介してくれるケースもあります。私としてはＮＳＣＡの資格を持つトレーナーを選んで欲しいところですが。

筋トレは自宅トレーニングだけでもじゅうぶん効果はありますが、専門家の知識やノウハウを賢く活用すればさらに早く効果が出ます。自分に合う方法、納得できる方法で、楽しくトレーニングを続けてください！

ジム筋トレ1　下半身の筋肉

フリーウェイトのバーベルスクワット　10〜12回×2〜3セット

① 左右の肩甲骨を寄せて胸を張り、背中から首にかけて盛り上がったところにバーベルをのせる

② 自重トレのスクワットと同じ要領で、ゆっくりと体を下ろし、上げていく

フリーウェイトの基本であり軽い負荷でこの種目を行い、正しいフォームを身につけてください。負荷はバーベルシャフトだけの20キロから始めるといいでしょう。自重トレの時より20キロプラスされるわけですから最初はきついですが、フォームが固まれば動作もスムーズになります。

ジム筋トレ2　下半身の筋肉

フリーウェイトのスプリットスクワット　左右10～12回ずつ×2～3セット

① バーベルを肩にかけたら、右足を真っ直ぐ前に大きく踏み出す

② そのままバランスをとりながら、ゆっくりと体を下ろしていき、右足のヒザが90度になったところで1秒ほどキープし、ゆっくり上げ左の姿勢に戻る

足を前後に開いた状態で行うスクワットです。バーベルの負荷がかかっている分、バランスをとるのが難しくなります。最初のうちはトレーナーについてもらうことをお勧めします。片足のヒザが前に出ているので、股関節を真下に下げる感覚で行うとバランスがとりやすいでしょう。

ジム筋トレ3　下半身の筋肉

マシンを使ったレッグプレス　10〜12回×２〜３セット

①
シートに座ったらプレートに両足を置き（基本は肩幅の広さ、つま先はやや外側にする）そのままゆっくりヒザを伸ばす。ヒザは完全に伸び切らないように。この姿勢がスタート

②
両ヒザをゆっくりと曲げていき、90度近くまできたら、息を吐きながらゆっくり伸ばし①の姿勢に戻る

レッグプレスで強化されるのは大腿四頭筋などの下半身の筋肉。スクワットやランジと同様の効果がありますが、レッグプレスは、より安全で腰を痛めにくいという利点があります。腰に痛みがある時はこちらを選択したほうがいいでしょう。息は脚を伸ばすときに吐いてください。

ジム筋トレ4　大殿筋、腰部

負荷をかけたヒップリフト　10〜12回×２〜３セット

①
仰向けになり台に足をかけ、腰のところにダンベルを持つ

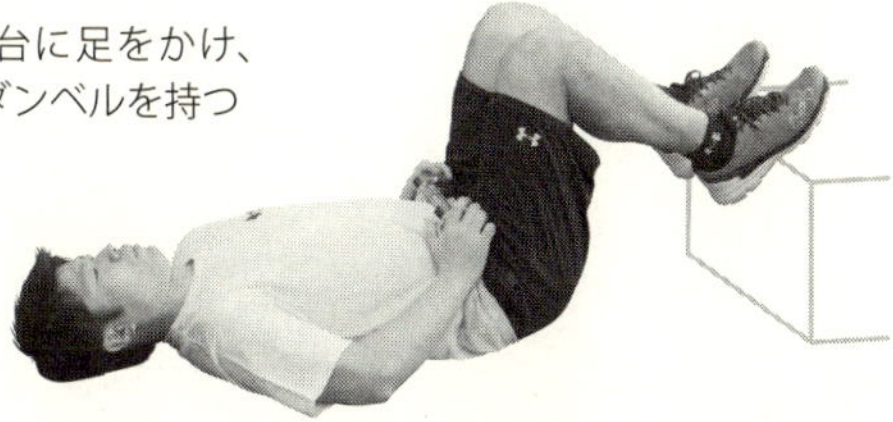

②
腰を上げていき、ヒザから肩までが真っ直ぐになるところで止めたら、ゆっくり腰を下ろしていく

ヒップリフトは自宅での自重トレの項でも解説しましたが、ジムにはダンベルや台などの筋トレ器具が揃っているので、より負荷をかけた筋トレを行うことができます。ヒップリフトは大殿筋や腰を強化することができるので、トレーニングメニューに組み込みたい種目です。

ジム筋トレ5 大胸筋

ベンチプレスで大胸筋など上半身を鍛える

10〜12回×２〜３セット

①
ベンチに仰向けになる。両手でバーベルを握ったら、バーベルをラックから外し肩の真上で支える。ここがスタート位置

②
ゆっくりと息を吸いながらヒジを曲げて、胸に当たるまでバーベルを下ろしていき、ゆっくりと息を吐きながら上げていく。反動をつけずにこの動作を反復する

ベンチプレスの姿勢チェック

バーベルを持つ手の位置は肩幅よりも少し広め。バーベルは親指をかけてしっかり握り、手首を伸ばす。両足は広げて床につけ、足裏全体で踏ん張る感覚をもつ

頭、肩、お尻、足をベンチと床にしっかりとつけ、腰を反らないようにする

ベンチプレスは大胸筋を鍛え胸板を厚くする効果があるので、ジム筋トレでは最も人気のある種目です。しかし、効果的に行うには技術やコツが必要ですし危険が伴う種目でもあるので、この解説を読むだけでなく、トレーナーの指導をしっかりと受けてから挑戦するようにしてください。

ジム筋トレ6　三角筋、僧帽筋

ショルダープレスで肩の筋肉を盛り上がらせる

10〜12回×2〜3セット

①
背筋を伸ばし胸を張って立ち（ヒザには余裕をもたせる）、ダンベルを握った両手を肩の位置までもってくる。ヒジは90度曲げた状態

②
息を吐きながらダンベルを真っ直ぐ上に持ち上げ、頭の上で合わせるようにする。この時、腰を反らせないように。息を吸いながらゆっくり元の位置に戻す。これを反復

三角筋や僧帽筋を鍛え、肩を盛り上がらせる種目がショルダープレスです。バーベルやマシンでもできますが、動きがより自由なダンベル使用が最適です。

NG

ダンベルを持った手首が内側に向いていたり、ダンベルを持ち上げた腕が前に傾くのはNG

ジム筋トレ7　広背筋

ラットプルダウンで広背筋を鍛える

10〜15回×
2〜3セット

①
ベンチに座り、太ももを固定。肩幅の1.5倍くらいの位置でバーを握る。この時、背中を伸ばす意識をもつ

②
肩甲骨を内側に寄せる感覚で、ゆっくりと息を吐きながらバーを体に引き寄せる。一度ここで止めて、息を吸いながら元に戻す

背中に広がる広背筋が発達すると逆三角形の体型になっていきます。その広背筋を鍛えるのに効果があるのがマシンのラットプルダウンです。初心者は腕の力だけでバーを引いてしまいがち。胸を張った姿勢をとり、背中の筋肉が働いていることを意識して引き寄せることが大事です。

ジム筋トレ8 腹斜筋

ダンベルを使ったサイドベントで体側の筋肉を鍛える

左右10〜12回ずつ×2〜3セット

① 両足を肩幅に広げて立ち、片手でダンベルを持つ。左手は頭の後ろにセット

② 体を左側（ダンベルを持っていない側）に倒していき、体側の筋肉の収縮を感じたら少し静止。ゆっくりと元の姿勢に戻る

体の側面の筋肉はなかなか鍛えられないものです。それを補ってくれる種目がサイドベント。ダンベルの負荷をかけて体を横に倒すことで腹斜筋が強化されていきます。初心者は倒す方向が前にズレることがあるので、背筋を伸ばし、真横に体を倒すことを意識して行ってください。

ジム筋トレ9　上腕三頭筋

トライセップスエクステンションで上腕三頭筋を鍛える

左右10〜12回ずつ×2〜3セット

① 背筋を伸ばして立つ。右手でダンベルを持ちヒジを頭の横の高い位置にもってくる。左手をヒジに添えて固定

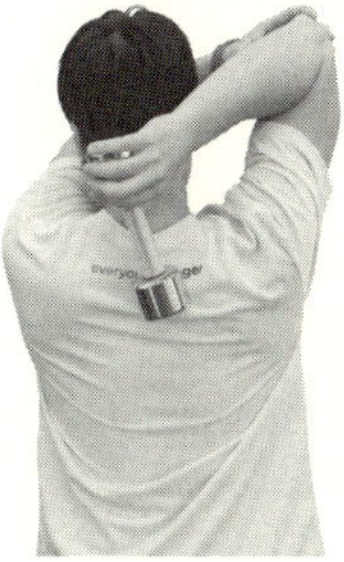

② ヒジを支点にして、ダンベルを持った手で弧を描くように持ち上げ、下ろす。10回反復したら左手を行う

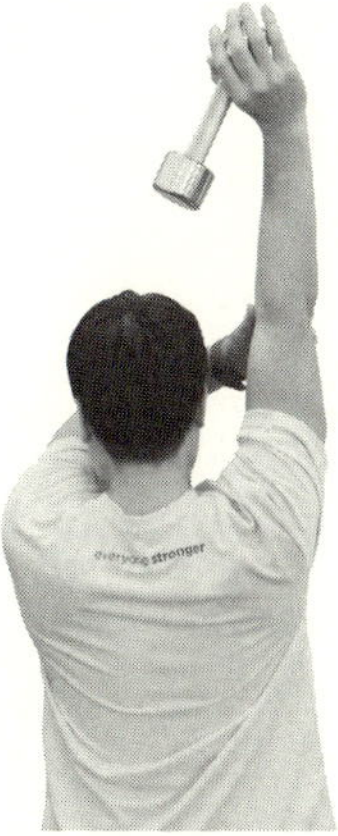

腕を伸ばしたり物を押す時に使われる二の腕の裏側の筋肉、上腕三頭筋を鍛えるのに効果があります。頭の上でダンベルを上下させるので、危険防止のため軽い重量から始めて、動作に慣れるようにしてください。背筋を伸ばし、姿勢を安定させることも重要です。

ジム筋トレ10 腹筋下部

足を空中で曲げ伸ばしして
腹筋下部を鍛えるエアーバイシクル

左右交互に計10〜12回
×２〜３セット

① 仰向けになって手を頭の後ろで組み、両足を空中に浮かし、左足を伸ばす

② 両足を浮かしたまま足を入れ替え、右足を伸ばす。左右１秒ずつのリズムで交互につづける

レッグレイズという筋トレがあります。仰向けに寝て両足を真上に上げ、つぎに足を伸ばしたまま床寸前まで下ろし、また上げるというもので、主に腹筋下部が鍛えられます。ここでは自転車をこぐように片足ずつ曲げ伸ばしをするエアーバイシクルを取り上げました。自宅でも気軽に腹筋強化ができるエクササイズです。

定年筋トレ

筋肉を鍛えれば脳も血管もよみがえる

2018年2月25日　初版発行
2018年5月20日　4版発行

著者　森谷敏夫
吉田直人

森谷　敏夫（もりたに・としお）
1950年、兵庫県生まれ。1980年、南カリフォルニア大学大学院博士課程修了（スポーツ医学、Ph.D.）。テキサス大学、京都大学教養部助教授、京都大学大学院人間・環境学研究科教授を経て2016年から京都大学名誉教授、京都産業大学・中京大学客員教授。専門は応用生理学とスポーツ医学。著書に『京大の筋肉』（ディジタルアーカイブス）、『やせられないのは自律神経が原因だった』（青春出版社）ほか。

吉田　直人（よしだ・なおと）
1976年、千葉県出身。千葉県私立成田高校、中央大学経済学部卒業。一度は金融業に就職するも、トレーナーの道を選ぶ。ウイダートレーニングラボでヘッドS&Cコーチ、ラグビートップリーグのホンダヒートでヘッドS&Cコーチとして5年間従事し、2017年4月よりNSCAジャパンヒューマンパフォーマンスセンターヘッドS&Cコーチを務める。資格：CSCS（認定ストレングス&コンディショニングスペシャリスト）、NSCA-CPT（NSCA認定パーソナルトレーナー）

発行者　佐藤俊彦
発行所　株式会社ワニ・プラス
〒150-8482
東京都渋谷区恵比寿4-4-9　えびす大黑ビル7F
電話　03-5449-2171（編集）
発売元　株式会社ワニブックス
〒150-8482
東京都渋谷区恵比寿4-4-9　えびす大黑ビル
電話　03-5449-2711（代表）
装丁　橘田浩志（アティック）
柏原宗績
構成　相沢光一
撮影　今村敏彦
本文デザイン・DTP　喜安理絵
印刷・製本所　大日本印刷株式会社

ISBN 978-4-8470-6124-0
ワニブックスHP　https://www.wani.co.jp